PATRIC I. VOGT
ZUKUNFT BEGINNT IM KOPF

D1724862

PATRIC I. VOGT

ZUKUNFT
BEGINNT
IM KOPF

**Ein Debattenbeitrag
zur Kernsanierung
von Rechtsstaat und
Demokratie**

Bibliografische Information der Deutschen Nationalbibliothek:
Die Deutsche Nationalbibliothek verzeichnet diese Publikation
in der Deutschen Nationalbibliografie; detaillierte bibliografische Daten
sind im Internet über http://dnb.dnb.de abrufbar.

Die automatisierte Analyse des Werkes, um daraus Informationen
insbesondere über Muster, Trends und Korrelationen gemäß §44b UrhG
(»Text und Data Mining«) zu gewinnen, ist untersagt.

Für die Inhalte der im Buch genannten Websites sind die jeweiligen
Betreiber verantwortlich. Zur Zeit meines Aufrufs enthielten die Seiten
den im Buch genannten Inhalt.

© 2024 Patric I. Vogt

Satz und Umschlaggestaltung: Jan Hawemann

Herstellung und Verlag: BoD – Books on Demand, Norderstedt

ISBN: 978-3-759734-26-6

Inhaltsverzeichnis

Habe Mut, dich deines e i g e n e n Verstandes zu bedienen!

Immanuel Kant

Denken und Tun, Tun und Denken, das ist die Summe
aller Weisheit. Beides muß wie Aus- und Einatmen sich
im Leben ewig fort hin und wider bewegen; wie Frage
und Antwort sollte eins ohne das andere nicht stattfinden.

Johann Wolfgang von Goethe

Vorwort

Mit seinem Buch *Hybris und Nemesis* weist Prof. Rainer Mausfeld auf das Problem der Funktionslogik von Macht hin: Macht hat erstens immer den Hang, zur Festigung der eigenen Position zu wirken, und zweitens immer die Neigung, den Bereich der eigenen Gewalt auszudehnen. »Diese Dynamik, dass ein Machtbedürfnis, wenn es erst einmal geweckt ist, sich selbst verstärkt, steht im Zentrum der Funktionslogik von Macht. Macht strebt nach mehr Macht, nach Ausweitung und Stabilisierung von Macht. Sie strebt danach, sich von allen Begrenzungen zu befreien.«[1] Ist Macht also einmal manifestiert, trägt sie in sich selbst die Tendenz, wie ein Krebsgeschwür zu wachsen. Vieles von dem, was wir als gesellschaftliche Gegebenheit beobachten und zugleich als schädlich erleben, ist Symptom dieses Zusammenhangs, den Mausfeld »das Problem der Funktionslogik von Macht« nennt. Zentral ist also die Frage: Können wir diese Funktionslogik der Macht überwinden?

Ich glaube, ja!

Wenn ich auch zugeben muss, dass dieses Unterfangen einer Kernsanierung unseres Rechtsstaates gleich kommt. Oder, positiv ausgedrückt: es ist nur durch die volle und reine Entfaltung der Demokratie zu lösen.

Ein Vorschlag dazu wurde vor gut 100 Jahren von Rudolf Steiner gemacht. Er brachte einen Entwurf für eine Gesamtgestalt unserer Gesellschaft in die Debatte, die Idee der sozialen Dreigliederung[2], die Frieden möglich macht, weil sie den

....

1 *Mausfeld, Rainer*: Hybris und Nemesis. Wie uns die Entzivilisierung von Macht in den Abgrund führt – Einsichten aus 5000 Jahren (Westend 2023), S. 64
2 Vgl. *Steiner, Rudolf*: Die Kernpunkte der sozialen Frage in den Lebensnotwendigkeiten der Gegenwart und Zukunft (Institut für soziale Dreigliederung 2019. Studienausgabe, herausgegeben und kommentiert von Sylvain Coiplet, Erstausgabe des Originals 1919)

drei großen Idealen Freiheit, Gleichheit und Brüderlichkeit konkreten Inhalt gibt.

Das Prinzip der Demokratie, die Abstimmung, kann nur auf eine bestimmte Art von Fragen Antworten geben. Das Leben ist aber vielfältig und verlangt nach verschiedenen Arten von Antworten. Je klarer wir das Prinzip der demokratischen Urteilsfindung herausarbeiten und auf die ihm entsprechenden Fragen beziehen, umso lebensfördernder werden die mit seiner Hilfe gefundenen Antworten. Die Idee der sozialen Dreigliederung sucht nach dieser reinen Entfaltung der Demokratie, um ihr zur vollen Blüte zu verhelfen. Dabei ist sie in Steiners Sinn ausdrücklich kein in sich geschlossenes, im Detail ausgearbeitetes System. Er betonte stattdessen immer wieder, dass sich verschiedene konkrete Ausgestaltungen erst im gemeinsamen Begehen des Weges ergeben werden. Und ich füge hinzu: sie an verschiedenen Orten vielleicht verschieden aussehen werden.

Diese Unvollendetheit wirft zugleich ein Licht auf die grundsätzliche Methodik Steiners. Er glaubte nicht, eine fertige Sozialgestalt ideologisch in die Welt tragen zu können. Vielmehr war er davon überzeugt, dass die Lösung in der Wirklichkeit nur gemeinsam gefunden und geschaffen werden kann und letztendlich in der Fähigkeitsbildung jedes Einzelnen liegt. Gleichzeitig war er nicht so naiv zu glauben, dass es nicht sinnvoll ist unsere Gesellschaft in äußeren Einrichtungen zu gestalten. Die soziale Dreigliederung versucht nicht, das Paradies auf Erden zu schaffen, weil das nicht geht, oder eine Lösung für alle Zeit zu bieten, weil auch das nicht geht. Sie will stattdessen ein Vorschlag sein die bestmöglichen Antworten auf die Herausforderungen unserer Gegenwart zu finden.

Wie wir das Muster eines Teppichs nicht dadurch verstehen können, dass wir beständig auf eine Stelle starren, sondern nur dadurch, dass wir den Blick immer wieder über den ganzen Teppich gleiten lassen, lässt sich die Idee der sozialen Dreigliederung nicht durch das Starren auf einen Gedanken erfassen, sondern nur dadurch, den Blick über das Ganze schweifen zu lassen und entfernt liegende Aspekte gemeinsam ins Auge zu fassen. Entscheidend ist, die Idee in ihrer Ganzheit zu erfassen, auch wenn wir, weil wir in Raum und Zeit leben, von einem Gesichtspunkt aus beginnen müssen. In diesem Sinn bitte ich Sie um etwas Geduld, sich im Interesse der Sache auf eine Art der Betrachtung einzulassen, die nicht gleich auf den Punkt kommt. Sondern stattdessen zunächst Enden offen lässt, die sich erst später zusammenfügen. Oder auch an offenen Enden zupackt, die sich erst im Nachhinein als sinnvolle Anfänge erweisen können. Das ist anstrengend, ich weiß. Aber es ist der ehrliche Weg. Denn wenn wir dem Leben entsprechend denken wollen, gibt es keine einfachen schnellen Antworten.

Um darüber ausgesprochen klar zu sein: der volle Kredit für die Ideen geht an R. Steiner. Mein ganzes Bemühen ist, sie in griffigerer, dem Lebensgefühl der Gegenwart näher liegender Sprache darzulegen, als sie meinem Eindruck nach in Steiners gut 100 Jahre alten, aus heutiger Sicht sprachlich etwas staubaufwirbelnden Darstellungen, vorliegen.

Und um auch das ganz deutlich vorneweg zu sagen: Sie müssen kein Anthroposoph sein, um sich für die soziale Dreigliederung zu interessieren oder einzusetzen. Die Idee der sozialen Dreigliederung ist eine allgemein menschliche, sie ist der Versuch, ein humanes Auskommen miteinander zu gestalten.

Ein essenziell wichtiger Aspekt der Betrachtungen, auf die wir losgehen, ist die Frage nach der Urteilsfindung, denn Gedanken werden Worte, werden Taten. Auch wenn wir den ersten Schritt mitunter verschlafen, es gibt keine gedankenfreien Handlungen, so gern wir das hätten, da es uns unserer Verantwortung entheben würde. Es gibt nur Handlungen, über deren gedankliche Komponente wir uns nicht bewusst sind. Und Taten, weil sie in Raum und Zeit stattfinden, brauchen Eindeutigkeit, Klarheit über das, was geschehen soll. Sofern wir uns hier also mit »Urteilsfindung«, »Urteilsbildung« und anderen synonymen Ausdrücken befassen, geht es um die Frage: Wie werden wir gemeinsam, als soziale Gemeinschaft handlungsfähig? Wie treffen wir die notwendigen Entscheidungen? Wie, nach welchen Prinzipien gestalten wir unser Zusammenleben?

Um ein simples Beispiel zu geben, Sie kennen bestimmt die Postkarte »Alle wichtigen Entscheidungen werden mit Schnick-Schnack-Schnuck getroffen«. Das ist natürlich humorvoll gemeint, denn Schnick-Schnack-Schnuck-Entscheidungen sind Zufallsentscheidungen. Nichts desto trotz kommt eine Entscheidung zustande, eine Urteilsbildung darüber, was geschehen soll. Die Gedankenkomponente dabei ist: Lass mal den Zufall machen.

Mit dieser Frage nach der Urteilsbildung wollen wir einsteigen. Ich wünsche viel Freude beim Lesen!

Patric I. Vogt
Berlin, Pfingsten 2024

1 Gefangen im Zauberwald

Haben Sie Yuval Noah Harari gelesen? Wenn nicht, ist es vielleicht an der Zeit. Er beginnt sein Buch *Eine kurze Geschichte der Menschheit* mit einem Kapitel, das den Titel *Ein ziemlich unauffälliges Tier*[3] trägt. Gemeint ist der Mensch, dessen Geschichte er schreiben will. Und der nach seiner Auffassung als ziemlich unauffälliges Tier in die Welt gekommen ist. Eine Notwendigkeit diesen Gedanken herzuleiten oder sonst zu begründen, sieht er nicht. Er steht als Voraussetzung am Anfang seines Werkes und findet durch Formulierungen der Art »ebenso wie andere Tiere...«, »der Mensch, wie alle Tiere...« oder gleich »Tiere...« eine fortlaufende Verfestigung. Im letzten Kapitel *Das Ende des Homo Sapiens*, kommt er zum Schluss, dass das höchste der Tiere, der Homo Sapiens, sich selbst sein Ende setzen wird, indem er sich mittels transhumanistischer Technik verändert. Diese Veränderung wird so einschneidend sein, dass wir ihn nicht mehr als Sapiens bezeichnen können. Vielmehr wird er ein Gott-Mensch, der Homo Deus sein.

Ich stelle diese gedrängte Zusammenfassung von Herrn Hararis Hauptgedankengang hier nicht an den Anfang unserer Betrachtungen, weil ich ihn für besonders wichtig oder brillant halte. Sehr wohl denke ich aber, dass seine Gedanken symptomatisch sind für das Problem, das wir haben. Wir stehen vor der Frage: »Wie wollen wir uns selbst verstehen?«, und zwar, nachdem wir bereits eine Tür hinter uns geschlossen haben. Der Gedanke, dass der Mensch ein Tier sei, darf ohne weitere Herleitung oder Begründung an den Anfang eines Buches gestellt werden.

Was aber, wenn der Mensch kein Tier ist? Sondern wesenseigen, so anders vom Tier, wie dieses von der Pflanze und sie

---

3   *Harari, Yuval Noah*: Eine kurze Geschichte der Menschheit (Pantheon 2015), S. 11 ff.

wieder vom Stein? So anders, wie wir eine Gegebenheit quantitativ oder qualitativ betrachten können?

Ich höre förmlich den wilden Aufschrei und die von verschiedenster Seite hineingerufenen Widersprechungen, die sich aus der Leserschaft erheben – wilder könnte die Situation nicht sein, wenn ich gleichzeitig in drei Wespennester gestochen hätte.

Ist das verwunderlich?

Nein.

Denn es gibt mengenweise Ausführungen, die genau das belegen wollen: der Mensch ist ein Tier und jeder Diskurs, der das in Frage stellt, ist lächerlich. Wer darüber sprechen will, ist dem Kindergarten nicht entwachsen und darum als Gesprächspartner nicht ernst zu nehmen.

Es ist unmöglich, hier auf alle Einwände einzugehen, die die Naivität des Gedankens, dass der Mensch etwas anderes als ein höheres Tier sei, belegen wollen. Und genau das ist der Grund, warum ich dieses Beispiel für unser Thema – die Frage der Gestaltung unserer Gesellschaft – als Einstieg wähle. Denn Fragen können schief gestellt sein. Lässt sich die Frage: »Wie wollen wir uns selbst verstehen?« überhaupt stellen? Ist es nicht eine Frage, die jeder einzelne ganz allein für sich beantworten muss? »Wie will *ich mich* selbst verstehen?« Und von der Antwort auf diese Frage – die eine ganz andere Frage ist, als: »Wie wollen *wir uns* selbst verstehen?« – hängt unendlich viel ab. Erst dann, wenn ich ein Verhältnis zu mir gewonnen habe, einen Gedanken habe, wie ich mich selbst verstehen will, kann ich mich fragen, wie ich uns, den Menschen im Allgemeinen, verstehen, und in welcher Gesellschaftsgestalt ich leben will.

Diese Tür, die wir als Menschheit historisch hinter uns geschlossen haben, indem wir uns kollektiv der Tierwelt zuordnen, ist eine, vor der wir uns als einzelne individuelle Menschen wiederfinden und als solche auch durch sie hindurchgehen müssen. Zurück, um dann mit unserer eigenen Antwort wiederzukommen.

Alles, was ich an dieser Stelle einem Mitmenschen gegenüber sagen kann, ist Fragen aufzuwerfen. Und vielleicht noch mitteilen, wie ich mich selbst verstehen will. Einem andern jedoch vermitteln zu wollen, wie er sich zu verstehen hat, als Wesen Mensch, greift in seine Freiheit ein. Denn diese liegt grade in der Antwort auf die Frage: »Wie will ich mich selbst verstehen?«.

Sie sehen, liebend gern würde ich mich hier mit Ihnen in ein Gespräch vertiefen: Wie verstehen Sie sich, und warum? Wie verstehe ich mich, und warum? Wie wollen wir als Gesellschaft leben? Leider geht das nicht, weil ich schreibe dieses Buch zu einer Zeit an einem Ort und Sie lesen es zu einer andern Zeit an einem andern Ort. Ich hoffe aber mein Punkt ist klar: Wie Sie sich selbst verstehen wollen, ist Ihre Sache. Wie ich mich selbst verstehen will, ist meine Sache. Und niemand hat Ihnen und niemand hat mir da reinzureden. Und wir stehen allein vor dieser Frage, müssen sie selbst beantworten. Das heißt aber auch: wir können das Antwortgeben an niemanden delegieren, auch nicht an einen Fachmann. Es gibt niemanden, der diese Frage für jemand anders beantworten kann. Die Frage: »Wie will ich mich selbst verstehen?« kann ich nur selbst beantworten, ich kann sie mir nicht beantworten lassen.

Und von diesem Eingeständnis vor mir selbst, dass ich diese Frage allein beantworten muss, hängt alles ab. Genau betrachtet, nicht einmal von meiner Antwort auf sie, sondern von meinem Eingeständnis, dass ich selbst die Antwort geben muss. So wie jeder andere Mensch, dem ich darum auch nicht hineinreden kann. Die Sache selbst setzt mir eine Grenze. Die Voraussetzung für die weiteren Erörterungen über die Idee der sozialen Dreigliederung ist nicht, dass wir uns in der Auffassung über das Wesen des Menschen einig sind. Sie mögen Ihre Auffassung haben, ich meine; entscheidend ist aber, dass wir bereit sind, uns dieser Frage zu stellen, ihr nicht auszuweichen. Und das Schöne ist, es darf Fragen geben, die wir das ganze Leben mit uns tragen. Eine falsch beantwortete Frage wirkt zerstörerisch. Eine aktiv und bewusst in mir offen gelassene Frage erschließt Wege.

Eine Antwort darauf, wie ich mich selbst und damit auch meine Mitmenschen verstehen will, gebe ich im nächsten Kapitel. Verbinden möchte ich damit die Bitte, dass Sie sich eine eigene Meinung zu dieser Frage bilden.

2 Aus Fehlern lernen

Was würden Sie sagen, wenn ich für mich beanspruchen würde, die richtige *Einsicht* über unsere Verkehrsregelung zu haben? Und dass daraus folgen sollte, dass ich sie in alleiniger Vollmacht neu ordne? Sie wären ganz bestimmt begeistert, oder? Denn Sie ahnen, worauf es hinaus läuft: Es bleibt alles beim Alten, bis auf eine Ausnahme: Ich male mir ein großes Schild, auf dem steht ABSOLUTE VORFAHRT. Dieses befestige ich dann an dem jeweils von mir genutzten Verkehrsmittel, falls ich zu Fuß unterwegs bin, trage ich es halt auf dem Rücken, denn es führt ja dazu, dass ich immer Vorfahrt habe und also am schnellsten am Ziel bin. Auf jeden Fall aber bin ich immer im Recht, auch wenn es mal zu einem Blechschaden kommt, nicht mein Problem. Ich finde meine Einsicht ungeheuer praktisch und denke, wir sollten sie umgehend genau so umsetzen!

Oder was würden Sie sagen, wenn ich dafür plädieren würde, dass der Lehrer in der Schule mit den Kindern einen *Konsens* darüber finden sollte, wie groß die Winkelsumme im Dreieck ist? Es wäre doch sozial, wenn ein Gespräch, eine Verständigung darüber stattfinden würde, oder nicht? Warum soll das nicht so sein, dass das eine Kind 205°, ein anders 67° und wieder ein anders 188° vorschlagen darf und dann darüber gesprochen wird? Vielleicht kommt jemand auf die Idee und sagt: Ich hab die Lösung! Wir addieren alle Vorschläge und teilen sie durch ihre Anzahl, dann muss sich niemand übergangen fühlen, jeder ist beteiligt und wir kommen zu einer gemeinsamen Mitte! Im konkreten Beispiel wäre diese bei 153,33°. Ein Konsens, großartig!

Allerdings ... großes Desaster im Anmarsch! Wer sich etwas mit euklidischer Geometrie beschäftigt hat, weiß, dass die Winkelsumme im Dreieck nun mal 180° ist. Da beißt die Maus keinen Faden ab!, wie meine Tante Erna zu sagen pflegte.

Oder zu guter Letzt, was würden Sie sagen, wenn ich vorschlage, dass wir darüber *abstimmen* sollten, ob wir hier hoch im Norden, Orangen anbauen wollen? Also ich meine, nehmen wir an, Sie und ich, wir wären Mitglieder der gleichen Initiative für solidarische Landwirtschaft, kurz SoLaWi genannt.[4] Bei unserer Bedarfsermittlung kommt der Wunsch nach Orangen auf. Gleich darauf ist auch der Wunsch im Raum, selbst Orangen anzubauen, weil sie dann auf dem kürzesten Weg und unter eigener Regie verfügbar sind. Und schon ist auch der Ruf nach einer Abstimmung darüber laut: Wollen wir Orangenbäume pflanzen, um selber Orangen ernten zu können? Zur Erinnerung: wir befinden uns mit unseren Anbauflächen ziemlich weit im Norden, in der Gegend von Berlin. Und? Jawohl, 84% Ja-Stimmen! Juchhuuu, bald haben wir unsere eigenen Orangen! Und wir sind stolz, denn wir sind gemeinsam, demokratisch zu dem Ergebnis gekommen!

Allerdings, jeder, der hier etwas Sachkenntnis hat, weiß, dass schonwieder ein Riesendesaster im Anmarsch ist. Denn da, bei Berlin, wird keine einzige Orange geerntet werden, das Wetter lässt es einfach nicht zu, es ist viel zu kalt. Es kommt mit Sicherheit nicht zur Blüte, darum auch mit Sicherheit nicht zur Fruchtbildung, folglich gibt es mit Sicherheit keine Ernte. Sicher ist sogar, dass die Bäume selbst es nicht überleben werden, es ist einfach viel zu kalt.

Hmmm... tragischer Fehler...

Alle drei Vorschläge – der Anbau der Orangen bei Berlin, der Konsens über die Winkelsumme im Dreieck, meine all-

---

4 Das *Netzwerk solidarische Landwirtschaft* beschreibt die solidarische Landwirtschaft auf seiner Website www.solidarische-landwirtschaft.org so: »Bei Solidarischer Landwirtschaft werden die Lebensmittel nicht mehr über den Markt vertrieben, sondern fließen in einen eigenen durchschaubaren Wirtschaftskreislauf, der von den Verbraucher:innen mit organisiert und finanziert wird. (...) Konkret handelt es sich dabei um einen Zusammenschluss von landwirtschaftlichen Betrieben oder Gärtnereien mit einer Gruppe privater Haushalte. Erzeugende und Verbrauchende bilden eine Wirtschaftsgemeinschaft, welche auf die Bedürfnisse der Menschen abgestimmt ist und die Mitwelt, Natur und Tiere berücksichtigt.«

mächtige Einsicht in die Verkehrsregelung – sind tragische Fehler. Sie machen uns allerdings auf etwas aufmerksam: Wir kommen im Leben immer wieder in die Situation zu urteilen, Entscheidungen zu treffen. Dabei greifen wir auf verschiedene Urteilsarten zurück, auf die Abstimmung, die Konsensfindung, das Erfassen einer Einsicht. Und ganz spontan sind wir auch gewiss, dass sie alle drei berechtigt und geeignet sind. Allerdings können uns alle drei, wie wir gesehen haben, offensichtlich auch ganz direkt ins Unglück stürzen.

Die gegebenen absurden Beispiele machen uns also darauf aufmerksam, ...

1. dass wir im Leben fortlaufend Urteile fällen;
2. dass wir dazu verschiedene Urteilsarten anwenden, die sinnvoll sind;
3. dass jede der Urteilsarten uns ins Desaster führen kann.

Wenn Sie nun das Gefühl haben: Ja aber! Das muss man doch differenzierter betrachten! sage ich: Absolut, da haben Sie recht! Denn es gibt offensichtlich Dinge, über die wir nicht abstimmen wollen, andere, in Bezug auf die wir nicht den Konsens gelten lassen wollen und wieder andere, für die uns die Einsicht – zumindest allein – nicht weiter hilft. Also wollen wir genau das im folgenden Kapitel tun, differenzierter hinschauen.

Und damit komme ich auf die Kernfrage von Kapitel 1 zurück: »Wie will ich mich selbst verstehen?«. Ich will mich selbst als ein Wesen verstehen, dass auf dreierlei Art zur Urteilsbildung kommen kann, Entscheidungen auf dreierlei Art treffen kann. Wer das auch möchte – unabhängig davon, wie er sich sonst noch selbst verstehen will – ist herzlich eingeladen, damit ins nächste Kapitel vorzurücken. Dort wollen wir in Ansätzen eine Art Phänomenologie der Urteilsfindung versuchen, also die einzelnen Arten der Entscheidungsfindung genauer betrachten. Um dann im weiteren Verlauf zu sehen, wieweit diese Einsichten für Fragen der Gesellschaftsgestaltung relevant sind.

3 Dreierlei Arten, zu Urteilen zu kommen

Sie kennen bestimmt den Ausspruch: »Wer nur einen Hammer hat, für den sieht jedes Problem aus wie ein Nagel«. Das ist ziemlich übel. Richtig übel wird es, wenn das Gegenstück dazu kommt: »Wer jedes Problem als Nagel betrachtet, meint, jedes Werkzeug sei ein Hammer«. Dass sowohl das eine wie das andere destruktive Wirkung hat – und nur in Ausnahmefällen positive, wenn nämlich zufällig tatsächlich ein Hammer und ein Nagel aufeinander treffen –, haben wir uns im vorangehenden Kapitel an absurden Beispielen vor Augen geführt. Damit haben wir aber noch keine positive Einsicht gewonnen, worin sich die Werkzeuge – im konkreten Fall die skizzierten Arten der Urteilsfindung – unterscheiden. Diese Fragestellung wollen wir hier verfolgen und damit ihrem differenzierten Verständnis einen Schritt näher treten.

Das individuelle Urteil

Die Kardinalfrage – wie ich denke, und damit auch das prägnanteste Beispiel und deshalb auch ganz am Anfang eingeführt –, die nach dem individuellen Urteil ruft, ist die Frage: »Wie will ich mich selbst verstehen?«. Oft taucht sie in unserem Bewusstsein gar nicht mehr auf, weil, wie eingangs beschrieben, eine Tür hinter uns geschlossen ist, der »wissenschaftliche Standard« sagt, dass der Mensch ein Tier sei. Wo diese Frage doch aufgeworfen wird, bewegt und erhitzt sie die Gemüter nach meiner Erfahrung wie keine andere. Das ist eigentlich auch nicht verwunderlich, denn Tiere sind nicht in gleicher Weise verantwortlich für ihr Tun wie Menschen. Jedes Nachdenken über mein Selbstverständnis berührt also immer die Frage: Kann ich, was ich tue wirklich verantworten? Kann ich dafür gerade stehen?

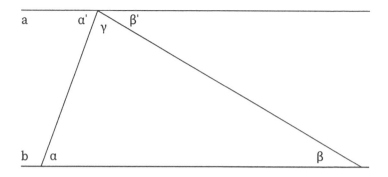

Springen wir zu einem einfachen Beispiel. Die Winkelsumme im Dreieck ist immer 180°. Das ist leicht einzusehen, ein mathematisch sauberer Beweis ist folgender:

Voraussetzung: Die Geraden a und b sind Parallelen
Daraus folgt: Winkel α = Winkel α'
Winkel β = Winkel β'
Ergo, die Winkelsumme im Dreieck ist 180°,
weil $\alpha' + \gamma + \beta' = 180°$

Diesen Gedanken zu erfassen, kann ich nur alleine leisten, es liegt immer in meiner Initiative und meine Initiative liegt bei mir. Mit wieviel Engelsgeduld auch jemand versucht, mir die Einsicht nahe zu bringen: ohne meine innere Regung, meine Initiative, das, was mir angeboten wird als Gedanke auch selbst zu denken, bleibt es mir unerschlossen. Unleugbar kennen wir aber alle dieses Erlebnis: »Ah, ja, das erfasse ich!«. Oder, um das bekannteste Beispiel aus dem Verlauf der Geschichte zu zitieren: »Heureka!«, »Ich hab's gefunden!«, Archimedes' Ausruf, als er die Antwort auf eine Frage gefunden hatte, die ihn intensiv beschäftigte. Mit dem individuellen Urteil wird etwas für mich denkbar, was bis dahin für mich undenkbar war. Ich gewinne also ein individuelles Verhältnis zu einer Sache. Und Voraussetzung dafür ist immer meine Initiative, mein mich von mir aus innerlich in Bewegung bringen. Ob ich also zu einem Heureka-Moment gekommen bin, kann ich letztlich nur allein wissen; wenn ich es aber tue, kann ich spüren, wie es mich innerlich verändert. Wichtig dabei ist, zu bemerken, dass es hier zunächst allein um das Erfassen geht; welches Urteil möglicherweise daraus folgt, richtig/falsch, ist eine andere Sache.

Doch wir kennen auch das andere. Wir geben uns redlich und geduldig Mühe, verständlich zu machen, was wir meinen. Aber das Aufleuchten in den Augen unseres Gesprächspartners bleibt aus. Auch wenn er sagt: »Verstehe, was Du meinst«, wissen wir mit etwas Lebenserfahrung, dass dies nicht der Fall ist, solange wir dieses Leuchten in seinen Augen nicht gesehen haben. Dabei hat das Einsichthaben in unseren Gedankengang, wie gesagt, nichts mit der Zustimmung zu ihm zu tun. Es heißt allein, dass er erfasst wurde. Zugegeben, ist es in der Regel allerdings viel leichter, einen Gedankengang zu erfassen, dem wir zustimmen können.

Genau das Gleiche – nur anders herum, weil es um einen Prozess des Zur-Erscheinung-Bringens geht und nicht um den des Entschlüsselns – finden wir im kreativen Prozess, er geht allein aus dem Individuum hervor. Dieses weiß, warum die Melodie, die Line im Song oder die Farbgebung so und nicht anders sein muss. Und der kreative Meister zeichnet sich grade dadurch aus, dass seine Schöpfung so sein muss wie, und nicht anders sein kann, als er sie in die Welt bringt.

Und auch im Kreativen kennen wir das Negativ: was wir hervorbringen, bleibt irgendwie unbefriedigend beliebig, es zeichnet sich eben nicht durch Einmaligkeit aus. Und wir wissen, wenn uns die Sache wirklich was bedeutet, müssen wir weiter machen, unser Werk klarer herausarbeiten. Die Angst vor dem Herausarbeiten zeichnet den Dilettanten aus, der in seinem Schaffen dem Zufall ausgeliefert ist. Dem Meister seines Faches, der sein Handwerk beherrscht, ist sie ein Bedürfnis, und er lässt kein Werk aus seinem Atelier, das nicht ausgeschöpft in die Welt tritt.

Es ist deutlich: Was mir im Bereich des individuellen Urteils zur Verfügung steht, hängt immer von meinem individuellen Einsatz, der Kraft und Zeit, die ich darein investiert habe, ab. Und wenn ich die Möglichkeit dazu habe, werde ich für mein Fortschreiten immer den Menschen aufsuchen, den ich für eine bestimmte Frage, einen bestimmten Fragenkomplex oder ein Fachgebiet für kompetent erachte. Andersherum werde ich von den Menschen zur Unterstützung ihres Weges aufgesucht werden, die der Meinung sind, bei mir den entsprechenden Rat und die erhoffte Hilfe finden zu können. Dieses freie Geben und Nehmen funktioniert naheliegenderweise umso besser, je weniger es durch standardisierte Lehrpläne oder Prüfungen gestört wird.

Ein großer historischer Moment des individuellen Urteils war es, als Martin Luther seine 95 Thesen, der Überlieferung nach am 31. Oktober 1517, in Wittenberg an das Tor der Schlosskirche nagelte. Und noch mehr, als er sie 1521 vor dem Wormser Reichstag nicht verleugnete, sondern stattdessen zur Antwort gab: »Hier stehe ich. Ich kann nicht anders.« Nicht minder jedoch, dass zu Zeiten, in denen Europa noch fest im Griff der Ständeordnung war, Katharina von Bora sich entschied Martin Luther und nur Martin Luther zu heiraten. Ganz abgesehen von ihrem Mut, allein auf ihre Einsicht vertrauend, das Kloster zu verlassen, in dem sie als Nonne lebte. Es war ihr, bevor sie sich auf den Weg machte, bewusst, dass sie als entlaufene Nonne gesellschaftlich geächtet sein würde.

Wir können sagen, durch das individuelle Urteil kommt individuelles initiatives Handeln in die Welt. Und leider gilt der Umkehrschluss: Da, wo das individuelle Urteil untergraben und ausgehöhlt wird, verkümmert individuelles initiatives Handeln.

In unserer Gegenwart ist es notwendig hinzuzufügen, dass die Frage wie stark ein individuelles initiatives Handeln von Egoismus geprägt ist, von anderen als von den hier besprochenen Aspekten abhängt. Die Tatsache, dass nur ein individuelles Urteil zu individuellem initiativem Handeln führen kann, sagt nichts über den Grad an damit auftretendem Egoismus. Sicher ist aber, unterbinde ich ein individuelles Urteil, so untergrabe ich individuelles initiatives Handeln.

Das demokratische Urteil

Ganz anders als beim individuellen Urteil, bei dem es immer um eine individuelle Einsicht geht, die immer mit dem Momentum der Initiative verknüpft ist, geht es beim demokratischen Urteil von vornherein stets um Entscheidungen, die eine Gemeinschaft betreffen – man müsste ja auch schizophren sein, um gegen sich selbst abzustimmen. Das demokratische Urteil besteht im Abstimmungsprinzip, es ist Resultat des Stimmenverhältnisses. Das alles Entscheidende ist das Stimmenverhältnis. Wie wir schon gesehen haben, ist die Ordnung unseres Straßenverkehrs ein hervorragendes Beispiel dafür. Auch wenn darüber zugegebenermaßen (meines Wissens) nie eine förmliche Abstimmung stattgefunden hat, findet täglich eine Abstimmung mit den Füßen statt. Die mit großem Abstand größere Mehrheit hält sich an die gemeinsam getroffenen Verabredungen für alle Eventualitäten, die eintreten können. Es braucht an dieser Stelle keine Einsicht in eine separate Lösung für jede einzelne Kreuzung. Wir würden dadurch auch nicht schneller oder glücklicher, sondern aufgehalten und genervt. Die ganze Beziehung, die wir zu dem Sachverhalt haben, ist eine andere als die zu der Frage nach der Winkelsumme im Dreieck. Sie betrifft unmittelbar mögliche Lebenssituationen in der Begegnung mit anderen Menschen. Und so lebensnotwendig für das Prinzip des individuellen Urteils die Initiative ist, so maßgeblich ist für das Prinzip des demokratischen Urteils die Stimmengleichheit: jedem eine Stimme! Und zwar realiter, nicht nur auf dem Papier.

»Jedem eine Stimme« heißt andersherum betrachtet auch, es geht in der Entscheidungsfindung mit Hilfe des demokratischen Urteils ganz und gar nicht um Individualität. Es geht vielmehr um das, worin wir alle gleich sind. Und grade, weil es diesen Teil in uns gibt, fordern wir die Gleichbehandlung ein. Meinungsfreiheit z. B. kann nicht beschnitten werden, ohne Ungleichheit zu stiften. Auch wenn unser Bundeskanzler Olaf Scholz es im August 2023 auf einer Veranstaltung anders zum Ausdruck brachte, indem er sagte: »Also, Demokratie und Freiheit ist, dass man sagen kann, dass man seine Meinung nicht sagen kann«.[5] Wer so spricht, spricht dem Prinzip des demokratischen Urteils Hohn, denn er sagt damit, dass es Gleichere unter Gleichen gibt, die darüber befinden dürfen, welchen Inhalts frei geäußerte Meinung sein darf. Was natürlich absurd ist, weil dabei die Freiheit der Meinung auf der Strecke bleibt. Diese freie Meinungsäußerung, der Wettstreit der freien Meinungen, ist die Grundlage aller Demokratie, die diesen Namen auch verdient.

Das Bundesverfassungsgericht hat sich dazu in einem Beschluss vom 28.11.2011 sehr klar geäußert. In der dazugehörigen Pressemitteilung heißt es: »Denn bei Auslegung und Anwendung einer die Meinungsfreiheit einschränkenden Vorschrift im Einzelfall gilt, um der wertsetzenden Bedeutung des Grundrechts Rechnung zu tragen, dass nicht der Inhalt einer Meinung als solcher verboten werden darf, sondern nur die Art und Weise der Kommunikation ...«.[6] Dass dies wirklich so gemeint ist, geht ganz klar aus dem Beschluss selbst hervor:»Verboten werden darf mithin nicht der Inhalt einer Meinung als solcher, sondern nur die Art und Weise der Kommunikation ...«.[7]

Schon im vorangehenden Absatz des Beschlusses wird klargestellt, dass es dabei auf Eigenarten der Meinung nicht im Geringsten ankommt:»Vom Schutzbereich der Meinungsfreiheit umfasst sind ... Meinungen, das heißt, durch das Element der Stellungnahme und des Dafürhaltens geprägte Äußerungen. Sie fallen stets in den Schutzbereich von Art. 5 Abs. 1 Satz 1 GG, ohne dass es dabei darauf ankäme, ob sie sich als wahr oder unwahr erweisen, ob sie begründet oder grundlos, emotional oder rational sind, oder ob sie als wertvoll oder

5   www.zeit.de/news/2023-08/18/applaus-und-pfiffe-scholz-attackiert-rechte-populisten
6   www.bundesverfassungsgericht.de/SharedDocs/Pressemitteilungen/DE/2012/bvg12-004.html;jsessionid=DF2130C8BDF5AC2755EB46D91FD6BA45.internet962
7   www.bverfg.de/e/rk20111128_1bvr091709.html

wertlos, gefährlich oder harmlos eingeschätzt werden. Sie verlieren diesen Schutz auch dann nicht, wenn sie scharf und überzogen geäußert werden.« Kurz und bündig: Wer den Mut zu Meinungsvielfalt nicht hat, kann Demokratie in voller Blüte nicht erreichen.

Kommen wir zurück zum Bundeskanzler. Er gibt mit seinen Worten zu erkennen, dass er entweder dem Prinzip des demokratischen Urteils nicht wirklich traut, oder es aus anderen Gründen nicht in Kraft wissen möchte. Oder aber sich einfach nicht darüber bewusst ist, dass es dreierlei Urteilsarten gibt, die alle drei zur richtigen Zeit am richtigen Ort angewandt werden können – oder eben am falschen.

Im Hintergrund jedes demokratischen Urteils stehen natürlich ebenso viele individuelle Urteile wie Wahlberechtigte; jedenfalls soweit sie gebildet wurden, da diese Bildung ja auch unterlassen werden kann. Dass dies so ist, ist charakteristisch für die beiden Urteilsarten: im Hintergrund des demokratischen Urteils stehen individuelle Urteile, im Hintergrund der individuellen Urteile stehen aber notwendig keine demokratischen Urteile. Es sagt etwas über die beiden verschiedenen Urteilsarten, dass dem so ist.

Wir können sagen, mit Hilfe des demokratischen Urteils setzen wir einen abstrakten, auf Eventualität zielenden Rahmen für mögliche Lebenssituationen. Manche davon treten täglich ein, andere nur selten oder für manch einen nie. Es geht immer um das, was eventuell vorfallen kann. Wir erachten das demokratische Urteil dafür als das angebrachte, weil es an uns eine Seite gibt, von der her wir ebenso gleich sind wie alle andern. Gleichzeitig findet das demokratische Urteil damit seine Grenzen. Wo es nicht um Fragen geht, die den Aspekt der Gleichheit unter Gleichen behandeln, ist es aus sich heraus unwirksam oder destruktiv.

In einem großen historischen Moment des demokratischen Urteils stehen wir meines Erachtens grade mitten drinnen. Können wir einsehen, dass das Abstimmungsprinzip seine eigenen Grenzen erkennen und in Kraft setzen muss? Einzusehen, dass neben dem demokratischen Urteil das individuelle Urteil und das Kollektivurteil gleichberechtigt ihren Platz haben müssen, um die Demokratie voll erblühen zu lassen, wäre ein großer historischer Moment!

Das Kollektivurteil

Das demokratische Urteil scheitert, wie wir am Beispiel des Orangenanbaus früher gesehen haben, an Fragen die Sachkenntnis, Fachwissen und Erfahrung erfordern. Ob wir im Rechts- oder Linksverkehr fahren, hat mit Sachkenntnis, Fachwissen und Erfahrung nichts zu tun. Das eine wie das andere ist gleich gut möglich, hier können wir ohne Verluste das demokratische Urteil wirken lassen. Wann aber z.B. Äpfel reif zur Ernte sind, oder welche Pflege die Bäume brauchen, um gesund zu bleiben, ist hingegen eine Frage von Sachkenntnis, Fachwissen und Erfahrung. Und das heißt: nicht nur Sachkenntnis und Fachwissen, sondern vor allem auch Erfahrung. Und diese lässt sich nur im Lauf der Zeit im Tun und dem Rückblick darauf gewinnen. Womit wir ein Charakteristikum dieser Fragen gefunden haben, sie zielen auf praktisches Handeln, genauer, auf gemeinsames praktisches Handeln ab. Es ist also klar, wie wir schon gesehen haben, die Situation sollte es einfach nicht hergeben, dass die Sachkenntnis, das Fachwissen und die Erfahrung ausgehebelt werden können. Allerdings spielen in diese Art Gegebenheit noch Fragen hinein, die auf andere Art mit Erfahrung zu tun haben, z.B. die, wieviel Äpfel wir haben wollen, bis die nächste Ernte wieder reif ist. Das kann der ehrliche Obstbauer nicht wissen, wenn er nicht die anderen befragt, die sich diese Äpfel wünschen. Wohingegen die Frage, wieviel Bäume wir dafür brauchen und wie die Quantitätsabnahme durch Lagerung aussieht wieder in den Bereich seiner Erfahrung fallen. Wie auch immer, wir sehen, es treffen hier verschiedene Gesichtspunkte zusammen, die alle in Bedürfnissen wurzeln. Bedürfnisse können ihre Erfüllung immer nur durch ein konkretes gemeinsames Handeln finden. Und da jeder auf der einen

Seite immer nur seine eigenen Bedürfnisse – seinen Aspekt – einbringen kann, wir aber auf der anderen Seite zu praktischem gemeinsamem Handeln kommen müssen, kann hier das demokratische Urteil nicht greifen. Ja, es kann sogar sein, dass der Gemeinschaft am besten gedient ist, wenn eine einzige Stimme – was bei der demokratischen Urteilsfindung ihrer Definition nach niemals sein kann[8] – alles verhindern kann. Denn der Obstbauer täte seiner Gemeinschaft keinen Gefallen, wenn er nicht klipp und klar sagen würde, dass der Anbau von Orangen unter freiem Himmel in Nordeuropa schlicht ausscheidet, weil er zu keinem Ertrag führt. Wenn wir dem demokratischen Urteil zu seiner vollen Gültigkeit verhelfen wollen, müssen wir es von Fragen in unserer Gesellschaft, bezüglich derer wir nicht alle gleich sind, fern halten. Für diese müssen wir neue Formen von Entscheidungsprozessen finden, in denen wir gemeinsam zu einem Urteil kommen, zu dem wir auch nur gemeinsam kommen können, da jeder nur seinen Gesichtspunkt einbringen kann. Dazu gehört, dass es sinnvoll ist, dass mitunter eine einzige Stimme alles blockieren kann: die Erfahrung des Obstbauern kann nicht gegen das Bedürfnis nach einer bestimmten Menge Äpfel ausgespielt werden, genauso wenig wie andersherum das Bedürfnis nach einer bestimmten Menge Äpfel kompetent macht, sicherzustellen, dass diese zu einer bestimmten Zeit auch verfügbar sind. Wir *müssen* gemeinsam zu konkreten Lösun-

....

8   Das mag zunächst verwirrend sein, weil wir daran gewöhnt sind, dass es im demokratischen Prozess die Vetostimme geben kann. Genauer betrachtet, zerstört die Einführung eines Vetorechtes aber das demokratische Prinzip, weil es prinzipielle Stimmenungleichheit bewirkt. Die Vetostimme ist quantitativ zwar nur eine Stimme, in ihrer Qualität aber so anders als alle andern, dass von Stimmengleichheit nicht mehr gesprochen werden kann. Man kann Äpfel und Birnen eben nicht zusammenzählen. Das kommt ja auch schon im Ausdruck »Vetorecht« zum Vorschein. Ein Veto einzulegen ist ein zusätzliches Recht, also etwas ganz anderes, als die Abgabe einer Stimme neben vielen. Das Prinzip der Vetostimme gehört zu den Dingen, die wir aus der Demokratie herausputzen müssen, damit sie sauber funktionieren und voll erblühen kann.

gen kommen. Hier sind wir nicht mehr ebenso gleich wie alle andern, sondern ganz real voneinander abhängig.

Wir halten fest: Ganz praktisches gemeinsames Handeln ist notwendig, dazu müssen wir zu Urteilen kommen, die sich uns aufgrund der unterschiedlichen Aspekte, die wir einbringen, nur gemeinsam erschließen. Auch hier stehen individuelle Urteile wieder im Hintergrund. Allerdings, weil sie sich in diesem Zusammenhang auf einen Lebensbereich beziehen, den keiner allein vollständig überblicken kann, können sie als solche nicht maßgeblich sein. Vielmehr bilden sie nur den Ausgangspunkt für den Prozess der gemeinsamen Urteilsfindung, weil jeder Einzelne von uns zwangsläufig mit einem falschen Einzelurteil startet. Das hören wir natürlich überhaupt nicht gern, denn es tritt unserm Ego gewaltig auf die Füße.

Weil es so leicht passiert, möchte ich nochmal betonen: solange wir noch auf Mehrheiten schauen, haben wir das Wesen des Kollektivurteils nicht erfasst. Es geht mit ihm um Entscheidungen, bei denen die Mehrheit absolut keine Rolle spielt. Weil wir damit keine Erfahrung haben, ist es für uns schwer vorzustellen. Und weil wir uns nicht nichts vorstellen können, kommt zustande, dass wir in das zurückfallen, was wir uns vorstellen können, eben eine Mehrheitsanschauung. Die Bemerkung hilft uns immer noch nicht, ein wirklich positives Bild davon zu bekommen, wie Kollektivurteile zustande kommen können. Sagen wir zunächst einmal einfach »in Besprechungen«. Dass diese hilfreicher Weise strukturiert ablaufen sollten, können wir vermuten. Ein konkretes Beispiel dafür, und damit ein besseres Bild, betrachten wir im nächsten Kapitel.

Gerne würde ich hier wieder einen großen historischen Moment nennen. Mir ist jedoch keiner bekannt. Der große historische Moment des Kollektivurteils schläft meines Erachtens noch fest im Schoß der Zukunft. Ich hoffe allerdings, dass wir mit unseren Betrachtungen anfangen, ihn vorsichtig aus seinem Schlummer zu wecken.

Summa summarum

Überblicken wir die angedeutete Charakteristik der drei Urteilsformen, können wir sagen, es ist allen gemeinsam, dass
wir eine Sache wirklich durchdenken und nicht daran vorbei.
Und ebenso ist ihnen gemeinsam, dass wir zu Ende denken
und nicht einfach irgendwo aufhören zu denken, wo wir eben
lustig sind. Ich glaube, das meinten die indigenen nordame-
rikanischen Stämme, wenn sie sich bemühten, im Bedenken
ihres Tuns und Lassens die Auswirkungen für sieben Genera-
tionen in der Zukunft zu berücksichtigen.

4 Auf die Beziehung kommt es an

In Kapitel 2 haben wir uns anhand einiger absurder Beispiele vor Augen geführt, wie ein Urteilsprinzip, das für sich genommen tatsächlich ein brauchbares Urteilsprinzip ist, dadurch ad absurdum geführt wird, dass wir es auf falsche Fragen anwenden. Inzwischen haben wir herausgearbeitet, dass wir es 1.) mit drei grundlegend unterschiedlichen Urteilsprinzipien zu tun haben, 2.) uns Grundzüge ihres Verständnisses erarbeitet und ihnen 3.) je einen Namen gegeben: individuelles Urteil, demokratisches Urteil, Kollektivurteil. Wir wollen uns etwas Zeit nehmen, über all das zu reflektieren, genauer zu ergründen, was es für unsere gegenseitigen Beziehungen mit sich bringt und bedeutet. Dabei geht es uns darum, unser Gespür für die ganze Sache und ihr Verständnis zu verfeinern.

Das Prinzip der Einsicht

Können Sie sich an unsere Auseinandersetzung über die Frage »Wie will ich mich selbst verstehen?« erinnern? Sicher können Sie, das ist wirklich eine blöde rhetorische Frage, schließlich reibe ich Ihnen das nun zum x-ten Mal unter die Nase. Sie haben da ganz zu Anfang einer Auseinandersetzung zwischen Hrn. Harari – obwohl er nicht selbst zu Wort kam, sondern sein Standpunkt nur sehr verkürzt durch mich wiedergegeben wurde – und mir – wobei ich mich bemüht habe fair zu sein und meine Wortmeldung entsprechend kurz zu fassen – beigewohnt. Entscheidend dabei war nicht, ob er oder ich Sie überzeugen konnte, denn ich habe Ihnen ja nicht mal wirklich verraten, was ich in dieser Frage denke. Sondern, ob es uns gelungen ist, an den Punkt zu kommen, dass erlebbar wurde: »sich überzeugen« ist ein reflexives Verb. Der Einzige, der Sie, ohne Sie zu manipulieren, überzeugen kann, sind Sie selbst. Alle anderen können Ihnen Gesichtspunkte und Aspekte an die Hand geben, die ihnen selbst als wesentlich erscheinen. Wenn Sie allerdings zu einer Einsicht kommen, ist es Ihre Leistung, niemand anders kann es für Sie tun. Und ob jemand anders wiederum wirklich an unserer Einsicht interessiert ist, erkennen wir daran, ob er uns zugesteht, unsere eigenen Fehler zu machen.

Das heißt zugleich, dass niemand anders als ich selbst verantwortlich bin für meine Einsichten. Ich glaube, das ist der Grund, warum wir so gern übersehen, dass meine Einsicht einzig und allein durch mich hervorgebracht wird: wenn ich die Einsicht einer Autorität übernehme, bleibt mir immer ein Schlupfloch; ich kann die Verantwortung im Zweifelsfall durch Verweis auf die Autorität abschieben. Wenn ich das tue, verbaue ich mir aber den Weg zu lernen, denn lernen können wir nur durch unsere eigenen Fehler.

Es zeichnet einen Menschen in seiner Größe aus, wenn er Fehler einsehen und zugeben kann. Und es zeichnet eine Gesellschaft in ihrer Größe aus, wenn es eine Fehlerkultur gibt, wenn Fehler gemacht werden dürfen und besprochen werden können, und dann differenzierte Konsequenzen gezogen werden. So wird es möglich immer bessere Fehler zu machen. So kommen wir als Gesellschaft in den Genuss einer Kernkompetenz jedes Menschen, nämlich lebenslang lernen zu können.

Wesentlich für die Auseinandersetzung zwischen Hrn. Harari und mir war, zu bemerken, dass die Ausgangsfrage: »Wie wollen *wir uns* selbst verstehen?« schief gestellt war. Sie muss darum zu einer schiefen Antwort führen. Die zurechtgerückte Frage: »Wie will *ich mich* selbst verstehen?« ist konstruktiv, weil sie auf den einzelnen Menschen, den unverwechselbaren Kern in ihm, seine Initiative rekurriert. Die Frage: »Wie will ich mich selbst verstehen?« führt zurück zur Initiativkraft des Einzelnen, sie aktiviert. Die Frage: »Wie wollen wir uns verstehen?« hingegen lähmt, weil Einsicht immer ein individueller Prozess ist. Auch das vielleicht ein Grund, warum wir das wahre Wesen von Einsicht gern verkennen, weil es uns vor dem Erlebnis der Einsamkeit, den jeder kreative Prozess und jeder Erkenntnisprozess bedeutet, bewahrt.

Schauen wir noch etwas genauer hin, dann können wir bemerken, dass das Prinzip der Einsicht im Wesentlichen in zwei Phasen verläuft. Die eine der beiden machen wir grade jetzt im Moment durch, es ist die Verstandesphase, die Phase der Zergliederung. Wollen wir eine Einsicht gewinnen, müssen wir im ersten Schritt immer die Geste der Zergliederung vollziehen. Wäre dies nicht von vielen Forschern, die die Anatomie des Menschen studiert haben, immer wieder getan worden, hätten wir nicht das differenzierte Bild unseres Körpers, das wir haben. Die zweite Phase ist in unserer Zeit ziemlich in Vergessenheit geraten, obwohl sie notwendigerweise immer auch stattfindet, es ist die Phase des Vernunftgebrauchs. Nachdem wir zergliedert haben, müssen wir wieder verbinden, zusammenschauen, um sinnvoll erkennen zu können. Tun wir das nicht, bleiben wir mit Einzelteilen in der Hand zurück, die Halbwahrheiten sind. Der sezierte Körper ist immer ein Leichnam, das Leben ist aus ihm entwichen. Um uns dem Leben anzunähern, müssen wir dem Verstandesprozess den Vernunftprozess zur Seite stellen.

Mit diesen wenigen Worten haben wir das Prinzip der Einsicht noch nicht in seiner vollen Tiefe ausgelotet. Wir haben aber angefangen, ein Bewusstsein davon zu entwickeln, dass wir Ergebnissen des Verstandesprozesses immer solche des Vernunftprozesses an die Seite stellen müssen. Ergebnisse des Vernunftprozesses können immer nur Etappenziele sein. Die beiden Phasen überlagern sich ständig, es geht gar nicht anders. Dabei sind wir uns meist des Vernunftprozesses, der Integration, die notwendig auch immer passiert, nicht bewusst.[9]

....

9 Für eine vollständige und differenzierte Darlegung dieser Zusammenhänge siehe *Steiner, Rudolf*: Wahrheit und Wissenschaft. Vorspiel einer »Philosophie der Freiheit« (Rudolf Steiner Verlag 1980, Erstausgabe 1892) und *Steiner, Rudolf*: Grundlinien einer Erkenntnistheorie der Goetheschen Weltanschauung mit besonderer Rücksicht auf Schiller (Rudolf Steiner Verlag 1979, Erstausgabe 1886), sowie ganz ausführlich *Steiner, Rudolf*: Die Philosophie der Freiheit. Grundzüge einer modernen Weltanschauung. Seelische Beobachtungsresultate nach naturwissenschaftlicher Methode (Rudolf Steiner Verlag 1987, Erstausgabe 1894)

An dieser Stelle, um nicht völlig naiv zu erscheinen, eine erkenntnistheoretische Anmerkung. Ich bin mir sehr wohl darüber im Klaren, dass die herrschende Meinung ist, dass es gar keine Erkenntnis geben kann, sondern immer nur Teileinsichten, die solange Gültigkeit haben, bis sie durch andere Einsichten widerlegt werden. Hier haben wir als Kultur, ähnlich wie mit der Frage, ob der Mensch das höchste der Tiere sei, eine Tür hinter uns geschlossen, an der ich zu einer andern Einsicht gekommen bin. Ich würde sehr gern darüber in den Diskurs gehen, es führte uns jedoch weit vom Thema dieses Buches ab, so dass ich mit Bedauern darauf verzichte.

Das Prinzip der Abstimmung

Ich möchte Sie hier etwas herausfordern. Denn ich will das demokratische Urteilprinzip in seiner Anwendung auf ein Beispiel betrachten, das wahrscheinlich erstmal stutzig macht. Was würden Sie sagen, wenn ich vorschlage, dass wir als Bevölkerung über die maximale wirtschaftliche Arbeitszeit in unserer Republik abstimmen sollen? Wichtig ist hier: über die maximale *wirtschaftliche* Arbeitszeit, also die Zeit, die wir maximal auf eine Tätigkeit in der Produktion oder der Zirkulation von Waren und wirtschaftlichen Dienstleistungen verwenden wollen. Diese Unterscheidung ist wichtig, weil unser Arbeitsbegriff im Allgemeinen unscharf ist. Also: nicht jede Tätigkeit, die wir heute unter Arbeit verstehen, soll dieser Abstimmung unterliegen, sondern nur die, durch die wir Waren oder wirtschaftliche Dienstleistungen produzieren oder an den nötigen Ort bringen.[10]

Zeitsprung: Das alte Griechenland war eine Hochkultur, die eine faszinierende Blüte der Kunst und Wissenschaft hervorgebracht hat. So faszinierend wie sie für uns ist, so sehr hat sie auch unsere abendländische Bildung und Kultur be-

---

10 Genaueres zu dieser Charakterisierung wirtschaftlicher Arbeit im weiteren Verlauf.

einflusst und die Entstehung des Humanismus entscheidend geprägt. Und doch, wenn wir auf sie zurückschauen, spüren wir einen Stachel im Fleisch unserer eigenen Kultur: die griechische Hochkultur – also ausgerechnet die Hochkultur, die historisch gesehen die Demokratie hervorgebracht hat! – wäre ohne Sklaverei nicht möglich gewesen. Und keine einzige der historischen, kulturprägenden Persönlichkeiten hatte daran eine Frage, geschweige denn zeigte einen Einsatz für die Abschaffung der Sklaverei! Das können wir heute nicht verstehen. Es ist für uns völlig undenkbar, dass ein Teil einer Gesellschaft – sogar der Größere – rechtlos als Sklaven leben soll, damit der andere, kleinere Teil der Bevölkerung eine kulturelle Blüte hervorbringen kann. Unsere Gefühle sind an dieser Stelle oft sogar so stark verletzt, dass wir die kulturelle Blüte als Scheinblüte ansehen, weil sie nicht alle Menschen auf dem Territorium umfasst hat. Aber können wir uns andererseits wirklich vorstellen, was es bedeuten würde, wenn dieser Kulturimpuls ausgeblieben wäre? Wenn Homer nicht gedichtet hätte, es die Ilias und Odyssee nicht gäbe? Wenn die wunderbar vollkommenen Kapitele auf der Höhe der griechischen Säulen nicht den Übergang zu den Architraven bildeten? Wenn Aristoteles nicht philosophiert und damit die Grundlage für alle Wissenschaft gelegt hätte? Oder, für die mehr sportlich Interessierten, wenn nicht alle vier Jahre das olympische Feuer in die Welt getragen würde? Ich glaube wir können es uns nicht wirklich vorstellen, zu tief liegt es in den Grundfesten unserer Kultur.

Wie aber ist das mit der Sklaverei zu verstehen? Wie ist es möglich, dass es daran keine Frage, keinen Aufruhr dagegen gab? Diese Frage müssen wir leider so stehen lassen, sie führt uns zu weit von unserer Gegenwart ab. Aber an ihr merken wir, dass wir heute anders erleben, so erleben, dass Sklaverei und Ausbeutung für uns einfach nicht in Frage kommen. Was also dann? Demokratisch darüber abstimmen, wieviel Lebenszeit wir einander in unserer Gesellschaft maximal für *wirtschaftliche* Arbeit abverlangen wollen! Alle, jedem einzelnen!

Und warum demokratisch abstimmen? Weil, wie wir gegenüber der altgriechischen Kultur gesehen haben, es eine Frage ist, die unmittelbar unser Rechtsgefühl berührt. Und weil das Ergebnis, das wir brauchen, eines ist, das auf eine Eventualität abzielt. Wir haben kein Interesse daran, jemandem vorzuschreiben, was er mit seiner Zeit machen soll. Wir sind nur daran interessiert, uns gegenseitig vor einer möglichen Eventualität, nämlich der der Ausbeutung, zu schützen. Und grade darum muss die Antwort auf diese Frage von hier kommen, denn nur dann fließt sie dem wirtschaftlichen Lebensfeld als Gegebenheit zu, mit der es als Tatsache zu rechnen hat. Wird diese Frage erst innerhalb des wirtschaftlichen Feldes beantwortet, kann sie es nicht in seine Schranken weisen.

Selbstverständlich wird von diesem Abstimmungsergebnis unser wirtschaftlicher Wohlstand abhängen, denn nur reale Arbeit bringt reale konsumierbare Waren und wirtschaftliche Dienstleistungen hervor. Wenn wir jedoch gesunden Menschenverstand anwenden, bewahren wir uns vor dem Desaster, dass von nichts etwas kommen soll und schaffen eine Grundlage dafür, dass sich die real notwendige Arbeit gleichermaßen auf alle verteilt, und in Folge also auch die freie Zeit. Mit anderen Worten, wir schaffen ein reales Fundament für Artikel 1 unseres Grundgesetzes: »Die Würde des Menschen ist unantastbar.«[11] – Denn sie, die Würde des Menschen, ist nicht von Natur aus unantastbar, wie uns die jüngsten militärischen Auseinandersetzungen wieder einmal schrecklich vor Augen führen. Sondern sie ist es nur, wenn wir uns in einer Gesellschaftsform konstituieren, mit der wir uns gemeinsam für ihre Unantastbarkeit entscheiden und diese darum *vor* alles andere setzen.

....

11 *Bundesministerium der Justiz* www.gesetze-im-internet.de/gg/BJNR000010949.
   html

Das Konsentprinzip

Wir haben es hier mit einer Ausnahme zu tun. Ich schränke das von Steiner beschriebene Prinzip des Kollektivurteils ein, da ich es durch die Konsentmethode[12] konkretisiere und die Überlegungen im Ganzen insofern vereinfache. Da die Konsentmethode meines Erachtens jedoch das von Steiner als notwendig Beschriebene erfüllt, halte ich es für gerechtfertigt und im gegebenen Zusammenhang für sinnvoll, uns auf dieses Beispiel zu konzentrieren. Das heißt nicht, dass ein Kollektivurteil nicht auch auf anderen Wegen erreicht werden kann. Es wäre gut, die Bedingungen für ein Kollektivurteil, also eine gemeinschaftlich getroffene Entscheidung, die anderen Bedingungen unterliegen als das Mehrheitsurteil, an anderer Stelle erkenntnistheoretisch zu untersuchen. Das ist in unserem Rahmen nicht möglich.

Nehmen wir Folgendes an: Eine Anzahl Menschen sind mit der gegenwärtigen Situation der Lebensmittelversorgung, aus welchen Gründen auch immer, unglücklich. Sie glauben, dass sie den Prozess der Lebensmittelversorgung so organisieren und abwickeln können, dass ihnen qualitativ bessere Lebensmittel zu finanziell günstigeren Konditionen bereit stehen; zumindest aber bessere Qualität bei finanziell gleichen Bedingungen. Teil dieser Gruppe sind ein Gemüsebauer und verschiedene Menschen, die ein Bedürfnis nach Gemüse haben. In dieser Gruppe werden verschiedene Fragen zu beantworten sein. Zum Beispiel die, wann ein bestimmtes

....

12 Konsent, also das t am Schluss, ist kein Schreibfehler. Es soll vielmehr deutlich machen, dass der Konsent eine Abwandlung des Konsens ist. Genaueres ergibt sich im Verlauf. Wenn Sie jetzt schon eine mehr praktische Beschreibung des Urteilsfindungsprozesses wollen, können Sie zu Kapitel 9, Kollektivurteil springen. Auf der Website www.soziokratie.org von Christian Rüther finden Sie den Kontext, das Modell der Soziokratie, erläutert, dem ich die Konsentfindung als eines von vier Grundelementen, entnommen habe. Ein kurzes Einführungsvideo gibt es sowohl von ihm: www.youtube.com/watch?v=WOnA0kgXRlc wie auch von *Sociocracy For All* (auf Deutsch) www.youtube.com/watch?v=u3JJotOJ7kI.

Gemüse, sagen wir Hokkaido, dieser leckere orangefarbene Kürbis, gepflanzt werden soll. Dabei spielen verschiedene Gesichtspunkte eine Roll. Unter anderem die Frage, in welchem Zeitfenster er sich überhaupt säen lässt und wie lange es dauert, bis er erntereif ist. Ebenso die Frage, ob er innerhalb dieses Zeitfensters früh, oder eher spät oder über die ganze Zeit verfügbar sein soll. Es gibt bestimmt Menschen in der Gruppe, die sich auf den neuen Hokkaido freuen und gern so früh wie möglich davon zur Verfügung haben wollen. Andere hingegen finden, Hokkaido ist absolut ein Wintergemüse, er ist sehr lecker, aber gehört in den Winter, soll also so spät wie möglich reif werden. Der Gemüsebauer wird sicher bereit sein, hier den Wünschen der Konsumenten entgegenzukommen. Es wird aber auch eine Grenze sowohl nach vorn wie nach hinten geben, über die er die Ansicht vertreten wird, dass der Anbau zu dieser Zeit nicht durch seinen Willen ausgeschlossen sei, sondern aus sachlichen Aspekten unmöglich. Kurz gesagt, entweder, weil das Wetter noch zu kalt ist, um einen Anbau zu ermöglichen, oder weil es nicht mehr lange genug warm sein wird, dass eine Ernte zustande kommt. An dieser Stelle hat der Gemüsebauer mit Verweis auf das gemeinsame Ziel und seine Erfahrung sinnvollerweise einen schweren begründeten Einwand zu bringen. Dieser bedeutet, dass er das gemeinsame Ziel durch den in Aussicht stehenden Beschluss gefährdet sieht und kann, das ist die Verabredung des Konsentprinzips, durch nichts weggewischt werden. Der gewöhnliche Verlauf der Dinge ist dann das Bestreben, den schwerwiegenden Einwand zu integrieren. Es gibt aber Fälle, wie diesen beispielhaft genannten, in denen es sachlich unmöglich ist. Dann kann er eben auch nicht aus der Welt geschafft werden.

Des Weiteren hängt von dieser Entscheidung über den Anbauzeitraum ab, ob vorher und im Anschluss auf den Flächen anderes geerntet werden kann. Das ist auch ein Aspekt, zu dem der Gemüsebauer Entscheidendes beizutragen hat. Allerdings kann er unmöglich wissen, wieviel Hokkaido insgesamt gewünscht ist, das können nur die Verbraucher.

Über all das muss gesprochen werden. Ein weites Feld an notwendigen Entscheidungen tut sich auf, die die Voraussetzung sind, um handeln zu können, also tatsächlich Hokkaido zu haben. Es wird gewiss nicht immer leicht sein zu diesen Entscheidungen zu kommen. An mancher Stelle wird es auf Kompromissbereitschaft ankommen, an anderer aber, wie wir oben am Beispiel des Zeitfensters für den Anbau gesehen haben, gerade darauf, absolut kompromisslos zu sein. Markant ist, dass jeder immer nur *seinen* Blickwinkel einbringen kann, was notwendig, aber ein gemeinsames Urteil ist. Eine Stelle, an der der Begriff »Kollektiv« angebracht ist, so unsympathisch er mir auch sonst ist. Wir tragen auch eine Seite an unserem Wesen, von der her wir nicht nur ebenso gleich wie alle sind, sondern tatsächlich ganz praktisch nur gemeinsam handlungsfähig, sehr nüchtern ausgedrückt: voneinander *abhängig*. Keiner von uns würde in dem Wohlstand leben, in dem er lebt, wenn er alles selbst täte, denn der Tag wäre herum, ehe er seine elementarsten Bedürfnisse befriedigt hätte.

Charakteristisch ist für das Konsentprinzip also, dass es im Gegensatz zum Prinzip der Abstimmung eine Asymmetrie gibt. Eine einzige Stimme kann, nachhaltig begründet, alles blockieren. Deswegen können wir es nicht als eine Sonderform des Abstimmungsprinzips ansehen, bei dem definitionsgemäß alle Stimmen gleich sind. Und darum eben auch nicht, wie wir es beim Abstimmungsprinzip tun, einfach das Aufwiegen der Stimmenanzahlen gegeneinander als entscheidendes Kriterium nehmen. Das Konsentprinzip beinhaltet, dass über schwere begründete Einwände nicht hinweggegangen werden kann, auch wenn sie nur von einer einzigen Person kommen. Es ist grade das Wesentliche an ihm, dass es unmöglich ist, einzelne Wortmeldungen durch eine Mehrheitsentscheidung wegzuwischen. Natürlich wird auch im Falle von schweren begründeten Einwänden das Bestreben der Gemeinschaft sein, sie zu integrieren. Es kann aber Unmöglichkeiten geben, die in der Sache liegen und die darum aus sich heraus nicht integrierbar sind. Alle anderen Einwände, die integriert werden konnten, werden hingegen durch den Prozess der Integration dazu beigetragen haben eine bessere Lösung zu finden, oder vielleicht sogar dazu schwere Fehler vermieden zu haben. So gesehen sind Einwände immer ein Geschenk der Aufmerksamkeit an die Gemeinschaft. Mehr zur Konsentbesprechung im weiteren Verlauf.

5 Und wie ein Schuh draus wird

Im richtigen Leben hängt alles zusammen. Zwar beginnt weder die *Rue Jacques Lusseyran*, noch die *Ulitsa Mihaila Chekhova* am *Sophie-Scholl-Platz* – das zu behaupten hieße doch, das Kind mit dem Bade auszuschütten – der Weg nach Paris wie nach Moskau jedoch beginnt dort sehr wohl. So haben wir mit unseren bisherigen Überlegungen zwar die Frage nach den spezifischen Ergebnissen, zu denen die verschiedenen Urteilsformen führen, schon berührt, aber noch nicht ins ihnen gebührende Licht gesetzt. Das wollen wir nun tun. Damit zusammen hängt dann vor allem auch die Frage, wie diese spezifischen Ergebnisse sozial ganz unterschiedlich wirken.

Allgemein lautet die Frage: Was für ein spezifisches Ergebnis geht aus einem spezifischen Urteilsprozess hervor? Denn wenn die Urteilsprozesse spezifisch sind und in sinnvoller Weise nur auf spezifische Fragestellungen mit bestimmtem Charakter bezogen werden können, liegt es auf der Hand, dass auch die Ergebnisse spezifischer Art sein müssen.

Ich bitte darum, vorab zu bemerken, dass die Worte »Vertrag«, »Gesetz« und »Beratung« hier im Sinne von Termini technici eine konkrete Prägung aus der Idee der sozialen Dreigliederung heraus erhalten. Die Ausdrücke *Vertrag* und *Gesetz* wurden von R. Steiner gewählt. Den Ausdruck *Beratung* habe ich an den von Steiner verwendeten Ausdruck »Ratschlag« anknüpfend, gewählt. In »Beratung« drückt sich nach meinem Eindruck mehr die Gegenseitigkeit des Prozesses, also das gesellschaftliche Geschehen aus. Grade das ist ja das wesentliche Merkmal von allen drei Ergebnissen der entsprechenden Urteilsprozesse, dass es um die zwischenmenschlichen Beziehungen geht.

Vertrag

Es ist unmittelbar einleuchtend, dass ein Konsent, dessen Gegenstand ja Waren und wirtschaftliche Dienstleistungen sind, ins Leere greift, wenn er nicht auf eine konkrete Verabredung zielt. Er formuliert also immer eine klare Leistung und eine ebenso klare Gegenleistung. Je reifer ein Konsent, umso klarer die Verabredungen. Diese halten wir im Vertrag fest. Und ein glasklarer Vertrag ist die beste Gewähr für das Ausbleiben späterer Streitigkeiten.

»Vertrag« kommt von »vertragen«; eine Konsentbildung, also die Bildung eines Kollektivurteils, trägt dazu bei, dass wir uns vertragen. Voraussetzung dafür ist, dass wir uns zuvor – also konstitutiv, in der Form, in der wir unseren Staat verfassen – in unserer Menschenwürde anerkennen. Nur dann gibt es kein Machtgefälle, sondern wir können unter fairen Bedingungen miteinander sprechen. Am Beispiel der Begrenzung der maximalen wirtschaftlichen Arbeitszeit, oben ausgeführt, wird dies deutlich. Durch die demokratische Beschränkung der wirtschaftlichen Arbeitszeit setzen wir dem Lebensbereich, der durch Verträge seine Regelung findet, eine Grenze, mit der er rechnen muss.

In einem klar ausgearbeiteten Vertrag gibt es auf alle W-Fragen eine Antwort. Wer ist beteiligt? Worum geht es? Wo soll es sein? Wann soll es sein? usw. Fehlt eine Antwort, ist ein Aspekt nicht bedacht und besprochen worden. Das kann dazu führen, dass in der Konsentfindung nachgearbeitet werden muss; dann herrschen aber wahrscheinlich ungleiche Bedingungen, weil ja bereits Tatsachen geschaffen wurden.

Da die Konsentfindung zur Urteilsbildung nur auf Fragen des wirtschaftlichen Lebensbereiches Antworten geben kann, können im Vertrag auch nur Gegenstände aus diesem Bereich verfasst sein. Dies sind, um es kurz zu erinnern, Aspekte von Produktion, Zirkulation und Konsum von Waren und wirtschaftliche Dienstleistungen sowie deren Preise. Wie eingangs gesagt, geht es also immer um Leistung und Gegenleistung.

Ohne dies hier erschöpfend zu behandeln, scheint es der rechte Moment, uns klar zu machen, dass alles, was vom wirtschaftlichen Lebensbereich erfasst wird, den Charakter einer Ware annimmt. Es liegt im Wesen der Ware, dass sie eine abgetrennte handelbare Sache ist. Wir können uns das z.B. an einem Laib Brot, den der Bäcker sehr gern weiter gibt, klar machen. Für eine Stunde Unterricht im Klarinettenspiel hingegen ist das nicht der Fall, denn es ist unmöglich, sie vom Lehrer, der sie gibt, zu trennen. Das Notenpult wiederum kann hergestellt und verschifft werden, ohne dass der, der die Arbeit dazu geleistet hat, davon betroffen ist. Dennoch werden wir für die Leistung des Klarinettenunterrichts eine Gegenleistung vereinbaren wollen, er nimmt den Charakter einer Ware an. In anderer Hinsicht jedoch, seinem Wesen nach, gehört er ins Feld des individuellen Urteils, das eine ganz persönliche Angelegenheit ist und für das sich nie eine Gegenleistung bestimmen lässt, weil es ein einmalig einzigartiges Ereignis ist.

Ein Vertrag ist in seiner Halbwertszeit beschränkt durch den in ihm bestimmten Zeitpunkt von Leistung und Gegenleistung. Gegebenenfalls wird er nach Ablauf, also nach Erfüllung, erneuert.

Wir sehen also, das spezifische Ergebnis eines Kollektivurteils ist ein Vertrag, er richtet sich auf konkrete Leistung und Gegenleistung und hilft uns, uns zu vertragen. Das ist die konkrete soziale Wirksamkeit eines Vertrages, dass er uns hilft, uns zu vertragen. Und zwar gerade da, wo wir im wahrsten Sinne des Wortes voneinander abhängig sind. Und er tut es, weil wir uns in unserer gegenseitigen Abhängigkeit respektvoll begegnen und die Leitplanken für die Vertragsverhandlung bereits real gesetzt haben, bevor wir in eine Vertragsbesprechung gehen. Wie wir anschaulich in Kapitel 2 schon gesehen haben, gilt die Umkehrung: die Bildung eines Kollektivurteils wirkt nur dann nicht destruktiv, wenn mit diesem das Zustandekommen eines Vertrages angestrebt wird.

Gesetz

Eine aus einer Abstimmung hervorgegangene Urteilsfindung ist nur dann fruchtbar, wenn sie sich abstrahierend auf eine Eventualität – also grade nicht auf eine konkrete Erfüllung – bezieht. Wir regeln mit unserer Straßenverkehrsordnung nicht jeden Einzelfall, sondern sich möglicherweise ergebende Situationen. Ebenso mit der Abstimmung über die maximale wirtschaftliche Arbeitszeit, wir stecken einen Rahmen für eventuell eintretende Situationen. Beachten wir dies in unserer Gesetzgebung, werden wir Gesetze in die Welt stellen, die das Leben fördern. Und wir werden keine Gesetze verabschieden, die bestimmte Handlungen fordern oder dafür Förderung versprechen. Solche Gesetze wären faule Gesetze, denn sie würden sich jenseits der dem Abstimmungsprinzip innewohnenden Grenzen bewegen. Gesetze können sinnvoll eingrenzen, sie können aber niemals sinnvoll Impulse geben, denn sie gehen aus einem demokratischen Abstimmungsprozess hervor. Dieser hat nicht die Kraft, Impulse zu geben, weil er der Seite unseres Wesens entspringt, von der her wir gleich sind.

Gesetze beziehen sich also immer abstrahierend auf Eventualität und sind umso fruchtbarer, je sauberer die Abstraktion geführt und je klarer der Bezug auf die Eventualität ist. Da sie nicht auf eine konkrete Erfüllung zielen, haben sie keinen Erfüllungszeitpunkt, der sie außer Kraft setzt. Sie sind wirksam, bis sie im demokratischen Prozess überarbeitet, durch andere Gesetze ersetzt oder außer Kraft gesetzt werden.

Ein Gesetz ist konstituierend, rahmensetzend, umso mehr, je grundlegender es am Aufbau des Staatsgebäudes beteiligt ist. Das Fundament jedes Staates ist seine Verfassung, für die *Bundesrepublik Deutschland* ist es das Grundgesetz.[13] In diesem finden wir als allererstes den wunderbaren Artikel 1: »Die Würde des Menschen ist unantastbar.« Soweit, so gut. Woran

---

13 *Bundesministerium der Justiz* www.gesetze-im-internet.de/gg/BJNR000010949.html

es dann mangelt ist nur, dass wir das zuerst Gesetzte auch vor allem anderen in seiner Wirksamkeit entfalten. Also, uns konsequent von hier ausgehend fragen: Was müssen wir tun, damit die Würde des Menschen unantastbar *ist*? Wie schon gesehen, müssen wir z. B. darüber abstimmen, welche maximale wirtschaftliche Arbeitszeit wir einander abverlangen wollen. Oder, wie wir noch nicht betrachtet haben, auch, wie wir das Bestimmungsrecht über Grund und Boden sowie Produktionskapital handhaben wollen. Etwas trocken ausgedrückt ergibt sich also die Frage: Worauf können wir die Begriffe »Eigentum« und »Besitz« sinnvollerweise beziehen und worauf nicht? Hier nur exemplarisch erwähnt, müssen wir auf diese Frage später notwendig zurückkommen.

Wir sehen: Das spezifische Ergebnis eines demokratischen Urteils ist ein Gesetz. Das Wesen eines Gesetzes ist es, in abstrakter Weise auf eine Eventualität zu zielen und dadurch zu irgendeiner Zeit für irgendeine Situation dazu beizutragen, dass die Würde des Menschen unantastbar ist! Die spezifische soziale Wirksamkeit von Gesetzen ist, die Würde des Menschen unantastbar zu machen! Auch hier haben wir schon in Kapitel 2 anschaulich gesehen, gilt die Umkehrung: die Bildung eines demokratischen Urteils wirkt nur dann nicht destruktiv, wenn mit diesem das Zustandekommen eines Gesetzes angestrebt wird. Oder von der anderen Seite her betrachtet, Gesetze, die auf andere Weise als durch das reine demokratische Urteil in die Welt kommen, mögen juristisch besehen wohl Gesetze sein. Recht können sie nicht sein, da sie aus Unrecht hervorgehen.

Noch einmal wird hier deutlich, wo ungefähr die Grenzen des demokratischen Prinzips liegen, was wir ihm abverlangen können und was wir ihm nicht abverlangen können. Dafür aufzuwachen, was das demokratische Prinzip gar *nicht* leisten *kann*, ist nach allem, was uns unsere Geschichte schon Bitteres gelehrt hat, aus meiner Sicht allerhöchste Zeit. Es bedeutet, zu bemerken, dass der erstrebenswerte demokratische Impuls größer ist, als die Anwendung des demokratischen Prinzips. Darum braucht er Schützenhilfe von anderer Seite.

Denn nur dann, wenn das demokratische Prinzip sich rein entfalten kann, kann es leisten, wozu es tatsächlich fähig ist: zu bewirken, dass die Würde des Menschen unantastbar *ist*.

Beratung

Am Ungewohntesten ist für uns bestimmt, darüber nachzudenken, was aus dem Urteilsprinzip der Einsicht hervorgeht. Ich würde es in erster Instanz eine Schöpfung nennen. Denn das Merkwürdige ist, dass wir es dann noch mit einer zweiten Ebene zu tun bekommen. Eine Tatsache, die wir von der anderen Seite her früher schon mal bemerkt haben: Im Hintergrund sowohl eines demokratischen Urteils wie auch eines Kollektivurteils stehen individuelle Urteile, wohingegen das Umgekehrte nicht der Fall ist. Also, warum in erster Instanz Schöpfung? Weil natürlich ist die Winkelsumme im Dreieck immer 180°, diese Wahrheit als solche bringe ich nicht zustande. Aber dass ich es einsehe, also die verschiedenen Begriffe Dreieck, Parallelen, Winkelsumme in sinnvoller Weise aufeinander und auf die Erscheinung beziehe, das ist eine Schöpfung, denn es kommt ohne mein Zutun nicht zustande. Meine Begriffe in sinnvoller Weise auf Erscheinungen zu beziehen, sei es im Beispielfall auf die Zeichnung eines Dreiecks oder ein Dreieck, das ich als kompositorisches Element eines Gemäldes bemerke, führt zu meinem »Heureka!« und ohne mein »Heureka!« gibt es diese Beziehung in meinem Bewusstsein nicht, sie ist meine Schöpfung. Bei kreativen Aktivitäten liegt es ja nun sowieso auf der Hand, dass wir es mit originären Schöpfungen zu tun haben.

Sozial wirksam – und damit das Pendant zu Vertrag und Gesetz – werden Schöpfungen jedoch erst, wenn sie in einem weiteren Schritt, der über die individuelle Beschäftigung hinausgeht, Teil zwischenmenschlicher Begegnung werden. Diese möchte ich – wie oben schon geäußert, anknüpfend an den von Steiner verwendeten Ausdruck »Ratschlag« – Beratung nennen.

Eine Beratung kann dreierlei Charakter haben. Die Situation kann so sein, dass jemand, der sich individuell mit einer Sache beschäftigt, an seine Grenzen kommt, er also auf einen Stolperstein stößt, den er allein nicht überwinden kann. Dann kann er einen im Fachgebiet kompetenten Menschen aufsuchen und ihn um Rat bitten. Und wenn es richtig gut geht, wird ihm dieser Mensch nicht einfach eine platte Antwort geben, sondern nur grade so viel Hinweis, dass er selbst den Anknüpfungspunkt zur Überwindung der Stolperstelle findet. Sie bemerken bestimmt, dass ich hier das Prinzip des sokratischen Dialogs beschreibe. Das wäre nach meiner Auffassung auch der Weg, nach dem alle unsere Bildungseinrichtungen ihre volle Fruchtbarkeit entfalten könnten. Was eben traurigerweise auch heißt, dass sie es nicht tun, wo sie nicht diesem Prinzip folgen, was gegenwärtig überall der Fall ist.

Eine andere Möglichkeit der Beratung ist, dass Menschen, die bestimmte Fragestellungen verfolgen und zu unterschiedlichen Auffassungen gekommen sind, sich im Diskurs begegnen, sich über ihre unterschiedlichen Auffassungen auseinandersetzen. Aus meiner Sicht gehört die Cancel Culture, mit der wir es z. Zt. zu tun haben zu den destruktivsten Erscheinungen unserer Zeit. Weil gerade das unterbunden wird, ein Diskurs verschiedener Auffassungen. »Habe Mut, dich deines eigenen Verstandes zu bedienen!«, genau das muss hier, im Gespräch mit jemand anders, der den gleichen Mut hat, ganz auf den eigenen Füßen im Gespräch zu stehen, zum Tragen kommen. Und eine Kultur, die diesen Diskurs durch Kontaktschuldpostulate und Cancel Culture unterbindet, sägt ganz gewaltig an dem Ast, auf dem sie sitzt. Eigentlich ist es eher, als ob sie gleich den ganzen Baum absägt, auf dem sie sitzt. Es bleibt uns nichts anderes übrig, über Meinungen müssen wir streiten. Wenn wir glauben, unsere Demokratie durch Meinungsunterdrückung schützen zu können, sind wir schon in ihrer Simulation, haben sie verloren.

Eine dritte Art der Beratung ist, dass gemeinsam um die Lösung eines Problems gerungen wird. Dass also Menschen gemeinsam an die Grenzen ihres Verständnisses gekommen sind und im Gespräch darüber Horizonterweiterung suchen. Kurzgesagt ist das z. B. die wissenschaftliche Zusammenarbeit oder die vom Ensemble gemeinsam gestaltete Theateraufführung. Das Ergebnis sind dann wieder Schöpfungen, gemeinsame Schöpfungen.

Welchen kulturellen Wert Schöpfungen haben, ist relativ. Ob dieses Buch als Eintagsfliege sein Leben morgen ausgehaucht hat, mancher Leser vielleicht gar nicht bis zu dieser Stelle vorgedrungen ist, oder ob es Impulse in die Welt sendet, hängt davon ab, ob es zündende Kraft in sich trägt. Ein Echo in der Zukunft haben zu können, ist ein Merkmal von Schöpfungen. Und nicht immer gelingen sie, aber immer fließt durch das Bemühen um sie dem Leben und der Gesellschaft eine verjüngende Kraft zu. Das umso mehr, je ehrlicher das Bemühen ist.

Und immer nehmen Schöpfungen im Bereich des Kollektivurteils den Charakter einer Ware an und werden dadurch in ihrem Wesen verkannt.

Statt vieler weiterer Worte wäre es hier an der Zeit, gemeinsam ins Theater oder Konzert zu gehen. Physisch gemeinsam geht leider nicht, wegen dieser Geschichte mit dem Schreiben zu einer Zeit an einem Ort und dem Lesen zu einer anderen Zeit an einem anderen Ort. Geistig, was auch immer Sie selbst darunter verstehen wollen, geht es schon: Stellen Sie sich vor, wer sonst vielleicht dieses Buch liest und über diese Ideen nachdenkt; oder auch, wie ich da saß und an Sie, natürlich ohne Sie zu kennen, gedacht habe, als ich geschrieben habe. Und suchen Sie sich ein schönes Konzert oder eine schöne Theateraufführung oder welche kulturelle Aktivität Ihnen sonst zusagt aus und besuchen diese mit uns. Es ist ein Erlebnis, das die spezifische soziale Wirksamkeit der Schöpfung durch gemeinsame Beratung, in diesem Fall in Form der Kunstwahrnehmung, unmittelbar zur Wirksamkeit kommen lässt. Und zugleich kommt damit ein wesentliches Merkmal sowohl einer Schöpfung als auch einer Beratung zur Erscheinung: sie sind ganz anders mit Raum und Zeit verbunden als alles andere. Darum können sie ein Echo in der Zukunft haben.

Und auch hier wieder haben wir schon in Kapitel 2 anschaulich gesehen, dass die Umkehrung gilt: die Bildung eines individuellen Urteils wirkt nur dann nicht destruktiv, wenn mit diesem das Zustandekommen einer Schöpfung und gegebenenfalls einer Beratung – in hier vorangehend dargestelltem Sinngehalt – angestrebt wird.

Drei Paar Schuhe

Schuhe sind ausgesprochen praktisch. Mit diesem Kapitel haben wir uns drei neue Paar angeeignet. Wir sind uns im Klaren darüber, dass sie sehr unterschiedlich sind und es sinnvoll ist, für bestimmte Unternehmungen passendes Schuhwerk zu tragen, also nicht mit unseren steigeisenfesten Bergschuhen das Parkett im Tanzsaal zu ruinieren und auch nicht in Flip-Flops den K2 besteigen zu wollen. Welche Schuhe wir tragen wollen, suchen wir aus, je nach dem, was wir vorhaben.

♣ Ein individuelles Urteil ist in erster Instanz immer auf eine Schöpfung ausgerichtet; etwas anderes mit einem individuellen Urteil anzustreben, ist nicht nur unfruchtbar, sondern destruktiv. Die spezifische soziale Wirkung einer Schöpfung ist, verjüngend in eine Gesellschaft zu wirken. Dies geht über den Weg der Beratung, deren Charakteristikum es ist, dass entweder der eine den anderen aus seiner Initiative heraus aufsucht, um sich einen Rat zu holen (sokratischer Dialog). Oder dass sich im Diskurs verschiedene Auffassungen auf Augenhöhe begegnen. Oder dass gemeinsam um die Lösung einer Fragestellung gerungen wird. Bergschuhe.

♣ Ein demokratisches Urteil muss immer auf das Zustandekommen eines Gesetzes gerichtet sein, wenn es nicht destruktiv wirken soll. Ein Gesetz bezieht sich in abstrakter Weise auf eine Eventualität, seine spezifische soziale Wirkung ist, die Würde des Menschen unantastbar zu machen. Je fundamentaler es im Gesamtkontext steht, je stärker ist seine Auswirkung auf das Ganze. Tanzschuhe.

* Ein Kollektivurteil wirkt nur dann konstruktiv – und andernfalls destruktiv –, wenn es auf das Zustandekommen eines Vertrages ausgerichtet ist. Die soziale Wirksamkeit eines Vertrages ist es, dass er uns hilft, uns zu vertragen, weil wir uns gegenseitig in unserer Bedürftigkeit – das ist unserer gegenseitigen Abhängigkeit – respektvoll begegnen und wir die entsprechenden Leitplanken dazu schon im Vorhinein gebaut haben. Flip-Flops.

6 Die Idee der Sozialen Dreigliederung oder: Wie wird Frieden möglich?

Mit allem Vorangegangenen haben wir uns genügend Betrachtungsaspekte erworben, um auf die Idee der sozialen Dreigliederung als Gestaltungsimpuls unserer Gesellschaft als Ganzes zu schauen. Welche Organe muss unsere Gesellschaft haben, sollten ihr inhärent sein, wenn wir ernst nehmen, dass wir dreierlei Arten der Urteilsbildung verfolgen können, davon keine ohne Verlust missen und nicht jede überall am Platz ist? Wir, kurz gesagt, also Wesen sind, die über ein Bewusstsein verfügen, das sich von drei Seiten orientieren kann?

Wir wollen uns auch erinnern, die Sache mit dem Teppich kommt jetzt voll zum Tragen. Wir können den Ausschnitt eines Teppichmusters nicht würdigen, wenn wir unseren Blick nicht über seine volle Breite und Länge gleiten lassen. Das Gleiche gilt für die Idee der sozialen Dreigliederung. Wenn wir nicht entfernt liegende Aspekte verbindend in unsere Aufmerksamkeit nehmen, ist kein wirklichkeitsergreifendes Bild mit ihr zu gewinnen. Des Rätsels Lösung liegt darin, das Ganze ins Auge zu fassen. In dem Moment, in dem wir uns darüber verständigen wollen, zerfällt es natürlich in der Zeit, weil wir uns dazu der Sprache bedienen müssen.

Im Folgenden werfen wir nun also einen Blick weniger auf unsere Fähigkeiten und mehr auf die zu treffenden gesellschaftlichen Einrichtungen, die Organisation unserer Gesellschaft als Ganzes.

Termini technici

Wie wir uns klar gemacht haben, gibt es das individuelle Urteil. Dieses gewinnen wir durch Einsicht. Es bezieht sich immer auf Fragen der Kreativität und der Erkenntnis. Was wir durch es zustande bringen, sind Schöpfungen, diese werden in Beratungen sozial wirksam. Den Ort, die Einrichtung der Zusammenarbeit in diesem Sinn wollen wir *Akademie* nennen.

Ebenso haben wir uns klar gemacht, dass es demokratische Urteile gibt. Wir gewinnen ein solches durch Abstimmung. Es bezieht sich immer auf Fragen, vor denen wir als Gleiche stehen, die also unser Rechtsempfinden berühren. Auf diese Weise kommen auf Eventualität zielende, abstrakte Absprachen zustande, Gesetze. Orte, Einrichtungen, an denen mit dieser Zielsetzung zusammengearbeitet wird, wollen wir *Parlamente* nennen.

Und wir haben uns klar gemacht, dass wir auf Kollektivurteile angewiesen sind. Kollektivurteile gewinnen wir durch Konsentfindung. Sie beziehen sich auf Fragen der Sachkenntnis, des Fachwissens und der Erfahrung, dort, wo es darum geht, im Sinne von Leistung und Gegenleistung gemeinsam praktisch handlungsfähig zu sein. Das Ergebnis einer Konsentfindung ist ein Vertrag, der immer auf konkrete Erfüllung von Aspekten der Produktion, der Zirkulation oder des Konsums von Waren oder wirtschaftlichen Dienstleistungen abzielt. Orte, also Einrichtungen, an denen mit dieser Absicht zusammengearbeitet wird, wollen wir *Assoziationen* nennen.

Die *Akademie*, das *Parlament*, die *Assoziation* sind die Organe der Selbstorganisation unserer Gesellschaft im Sinne der Idee der sozialen Dreigliederung. Dabei ist jetzt eines wichtig: mit den Bezeichnungen versuche ich, auf Gedanken hinzuweisen, es kommt also nicht auf die Worte an. Denn Worte weisen nur darauf hin, dass wir Gedanken haben. Und darum all die vorausgehenden Seiten, um zu charakterisieren, worum es geht, auf Erscheinungen und Gedanken hinzuweisen, die hier ihre Namen bekommen. *Akademie*, *Parlament*, *Assoziation* sind gewählte Namen für Einrichtungen unserer Gesellschaft.

Um der Klarheit willen möchte ich darauf hinweisen, dass der Ausdruck »Assoziation« von R. Steiner geprägt wurde. Die Ausdrücke »Parlament« und »Akademie« benutzt er zwar gelegentlich, um an bestehenden Sprachgebrauch anzuknüp-

fen, legt sich jedoch nicht so eindeutig auf sie fest, wie auf
»Assoziation«. Ich greife sie auf, weil sie mir brauchbar schei-
nen, nehme gegen bessere Vorschläge aber gern Abstand von
ihnen.

Die Assoziation

Etwas anders ausgedrückt, können wir auch sagen: Unsere
Gesellschaft hat, der Idee der sozialen Dreigliederung folgend,
verschiedene Räume; in diesen Räumen findet Zusammenarbeit unter verschiedenen Aspekten statt. Diese Zusammenarbeit geht umso leichter von der Hand, je mehr das jeweilige
Leitmotiv zentral ist und sich die Arbeit darauf konzentriert.
Für die Assoziation ist es die Frage: »Was brauchst Du?«. Die
Frage nach dem Bedürfnis meiner Mitmenschen ist im wirtschaftlichen Lebensbereich die leitende, denn hier arbeiten
wir *immer* für die anderen. Oder was soll der Bäcker mit all
den Brötchen, die er backt? Es ist nicht leicht zu fassen für
uns, weil Geld hoch abstrakt ist und wir für unsere Arbeit
Geld annehmen, darum glauben wir noch, dass wir für uns
arbeiten. Aber die *Wirklichkeit* ist, wir arbeiten für andere.
Weder der Bauer noch der Bäcker behalten für sich, was sie
produzieren und auch der Automechaniker schraubt nur in
großen Ausnahmefällen am eigenen Auto herum. Also, in
Wirklichkeit arbeiten wir für andere. Und Geld (so wie es momentan beschaffen ist) könnte man sagen, ist eigentlich der
»Trick«, durch den wir immer noch glauben wir arbeiteten
für uns, obwohl dies seit der Erfindung der Arbeitsteilung völlig ausgeschlossen ist. Wer lieber alles für sich selbst machen
will, wird nie über eine Befriedigung seiner elementarsten
Bedürfnisse hinaus kommen, weil der Tag rum ist, wenn er
sie erfüllt hat.

Es ist eine doppelte Zweikomponentenverklebung, die
uns hier bei unserem Bemühen zur Wirklichkeit durchzudringen ein Schnippchen schlägt. *Selbstverständlich* haben wir
alles, was wir haben, den Wohlstand, in dem wir leben. Und

selbstverständlich nehmen wir Geld an für das, was wir tun. Und *selbstverständlich* werden wir unser Geld auch wieder los, weil es jemand anders für das, was er tut, annimmt. Darum wollen wir an dieser Stelle noch etwas innehalten und mit Ruhe darüber reflektieren. Wie lange bräuchten Sie, um den Sessel, in dem Sie grade sitzen, zu produzieren? Und wahlweise – je nachdem, ob es Winter oder Sommer ist, derweil Sie lesen – den Kühlschrank herzustellen, der ihre Lebensmittel frisch hält, oder die Wärmeversorgung ihrer Wohnung eigenhändig zu gewährleisten? Mal ganz abgesehen von der Wohnung selbst und allem, was sich darin befindet, um Sie bekleidet zu halten und sich wohl zu fühlen? Aber das ist ja nur ein Teil der Frage. Denn das T-Shirt, das wir tragen, könnten wir überhaupt nur herstellen, wenn wir die entsprechenden Fähigkeiten dazu erworben hätten, was entsprechende Zeit in Anspruch nimmt. Das gilt ja aber für alles, was wir selbst produzieren wollen, es braucht spezifische Fähigkeiten dazu. Und darüber hinaus braucht es für die Anwendung der Fähigkeiten spezifisches Werkzeug, wenn nicht gar Maschinen, kleinerer oder größerer Art. Diese alles verkettende Vernetzung zu bemerken ist entscheidend, denn nur dann können wir erleben, wie wahr es ist, dass wir voneinander abhängig *sind*. Dass die Wirklichkeit ist, wir arbeiten *füreinander*, nicht für uns. Wer unbedingt will, kann natürlich weiter dem Glauben anhängen, dass er für sich arbeitet, und wenn das jeder täte, das auch zum größtmöglichen Nutzen für die Gesamtheit ausschlägt, weil dadurch, dass jeder für sich sorgt, zugleich für alle gesorgt wäre. Mit der Wirklichkeit hat es aber nichts zu tun. Sie ist schlicht und ergreifend, dass wir *füreinander* arbeiten. Und darum führt die ehrliche und offene Frage: »Was brauchst Du?« am direktesten und mit den geringsten Verlusten an Zeit und Ressourcen zum Ziel.

Und wir können uns auf diese Frage auch ohne Zurückhaltung einlassen, weil wir durch die demokratische Beschränkung der wirtschaftlichen Arbeitszeit vor Ausbeutung geschützt sind. Diese irgendwie ganz handfeste, einen realen sozialen Beitrag leistende Arbeit wird auch nie ganz wegfallen. Wir leben zwar in einer Zeit, in der uns die Maschinen dankenswerterweise immer mehr Arbeit abgenommen haben und abnehmen werden. Ganz verschwinden wird sie jedoch nicht. Insofern wir allerdings das Zustandekommen unseres Einkommens von dieser Arbeit abhängig machen, ist die andere Seite der Medaille die Frage: Wer *darf* arbeiten? Weil wenn wir die Münze umdrehen, die von der einen Seite Schutz vor Ausbeutung gewährleistet, sehen wir, dass sie von der andern Einkommen bedeutet. Niemandem ist damit geholfen, wenn er durch die demokratische Beschränkung seiner maximalen wirtschaftlichen Arbeitszeit allein vor Ausbeutung geschützt ist. Er dann aber möglicherweise mit leeren Taschen dasteht und am Hungertuch nagt, weil die Arbeit, durch die Einkommen zustande kommt, ohnehin von Maschinen übernommen wird und er somit durch die Hintertür also noch größerer Not ausgeliefert wird. Es müssen zu der Überlegung der demokratischen Beschränkung der Arbeitszeit notwendig andere Überlegungen hinzukommen. Wir hatten früher schon angedeutet, dass die Frage des Eigentums an Grund und Boden sowie an Produktionskapital dazu gehören. Ebenso gehört dazu, die Idee, Einkommen von Arbeit grundsätzlich zu trennen.[14] Beide Gedanken sind mit Sicherheit heftiger Tobak. Auf beide kommen wir später zurück.

Ergänzend möchte ich an dieser Stelle nur anreißend einen weiteren Gedanken Steiners einfügen, der mir absolut revolutionär scheint. Ein an wirtschaftlicher Arbeit Beteiligter, sagen wir ein Tischler, sollte nicht das als Gegenleistung für z.B. das Regal, das er produziert hat, bekommen, was er

....

14 Steiner nennt diese Forderung das soziale Hauptgesetz. Er hat es im Aufsatz *Geisteswissenschaft und soziale Frage* vom 14.08.1906 folgendermaßen formuliert: »Das Heil einer Gesamtheit von zusammenarbeitenden Menschen ist um so größer, je weniger der einzelne die Erträgnisse seiner Leistungen für sich beansprucht, das heißt, je mehr er von diesen Erträgnissen an seine Mitarbeiter abgibt, und je mehr seine eigenen Bedürfnisse nicht aus seinen Leistungen, sondern aus den Leistungen der anderen befriedigt werden.« *Steiner, Rudolf*: Lucifer – Gnosis. Grundlegende Aufsätze zur Anthroposophie und Berichte aus den Zeitschriften »Luzifer« und »Lucifer – Gnosis« 1903–1908 (Rudolf Steiner Verlag 1987), S. 213

an Bedarf *hatte*, bis es fertig gestellt war. Sondern er sollte das kriegen, was er braucht, *bis* er wieder ein ebensolches Regal fertig stellen kann.[15] Dieser Ansatz führt zu sinnvollen Produkten und gerechten Preisen. Wir wollen alle anderen Aspekte dieser Überlegung für den Moment außer Acht lassen, und nur das eine hervorheben, was mir an ihr so revolutionär erscheint: sie zielt auf die Zukunft – was *wird* der Tischler brauchen, bis... – und nicht in die Vergangenheit – was *wurde* von ihm gebraucht um... – und daraus auf die Zukunft schließend. Das ist eine völlige Umkehrung unserer wirtschaftlichen Denkgewohnheiten. Etwas genauer hingeguckt ist es ja so, dass sich das Einkommen des Tischlers, in dem Moment, in dem er es in die Hand nimmt, in sein Auskommen verwandelt. Es ist also seiner Art nach auf die Zukunft bezogen. Mit unserem Einkommen in der Hand schauen wir immer auf die Zukunft, die bange Frage ist, werden wir damit auskommen? Das ist reale Brüderlichkeit, uns gegenseitig darin anzuerkennen, dass wir alle potenziell immer die bange Frage: »Werden wir damit auskommen?« mit uns tragen. Die Absicht, uns in unserer gegenseitigen Abhängigkeit immer menschlich zu begegnen, ist konkrete Brüderlichkeit.

Es ist offensichtlich, wie wir hier zu einem ersten der drei Ideale der französischen Revolution kommen und dieses einen ganz realen Sinn bekommt: das Ideal der Brüderlichkeit leuchtet auf und wird konkret, es bekommt eine konkrete Aufgabe in einem konkreten Rahmen. Und es kann durch die

⋯⋯⋯⋯⋯

15 Steiners klassische Formulierung findet sich in *Die Kernpunkte der sozialen Frage* und lautet: »Dieses (das Preisverhältnis, Anm. d. Verf.) muss so sein, dass jeder Arbeitende für ein Erzeugnis so viel an Gegenwert erhält, als zur Befriedigung sämtlicher Bedürfnisse bei ihm und den zu ihm gehörenden Personen nötig ist, bis er ein Erzeugnis der gleichen Arbeit wieder hervorgebracht hat. Ein solches Preisverhältnis kann nicht durch amtliche Feststellung erfolgen, sondern es muss sich *als Resultat ergeben* aus dem lebendigen Zusammenwirken der im sozialen Organismus tätigen Assoziationen.« (Hervorhebung im Original). *Steiner, Rudolf*: Die Kernpunkte der sozialen Frage in den Lebensnotwendigkeiten der Gegenwart und Zukunft (Institut für soziale Dreigliederung 2019. Studienausgabe, herausgegeben und kommentiert von Sylvain Coiplet, Erstausgabe des Originals 1919), S. 132

von uns zuvor geleistete gedankliche Arbeit, die uns die Aussicht auf eine differenzierte Gesellschaftsgestalt eröffnet, auch seine volle Erfüllung finden. Hier ist es am Platz, hier entfaltet es konstruktive Wirkung, denn letzten Endes setzt es uns in Stand, unsere zunächst immer einseitigen und beschränkten Standpunkte miteinander in Beziehung und Übereinstimmung zu bringen und so gemeinsam praktisch handlungsfähig zu werden. Und darauf sind wir angewiesen.

Nutzen wir noch die Gelegenheit uns nochmal vor Augen zu führen, was im Sinne der Idee der sozialen Dreigliederung alles in das wirtschaftliche Lebensfeld fällt, also Gegenstand der Arbeit in den Assoziationen sein kann. Denn dadurch wird ja zugleich auch bestimmt, was nicht in ihr Arbeitsfeld gehört. Es sind die Hervorbringung, die Zirkulation und der Verbrauch von Waren und wirtschaftlichen Dienstleistungen. Produktion, Zirkulation und Konsum liegen im Feld der Wirtschaft, sonst nichts. Alle anderen in diesem Zusammenhang auftretenden Erscheinungen ergeben sich als Unterkategorien dieser drei Aspekte. Das ist richtig schön überschaubar. Allerdings, wir erinnern uns, hat dieses Lebensfeld immer die Tendenz sich auszubreiten und anderem, das außerhalb seines Wirkungskreises liegt, seinen Stempel aufzudrücken oder sich dieses gleich ganz einzuverleiben. Darum muss es von der Mitte her, von unserem Empfinden, was recht und was unrecht ist, eingedämmt werden. In etwa genauso, wie die Natur dieses Lebensfeld von einer anderen Seite her eingrenzt durch die begrenzte Verfügbarkeit von Zeit, Raum und Rohstoffen.

Das Parlament

Was mag das Leitmotiv des Recht schaffenden, des gesetzgebenden Lebensbereiches sein? Es ist der unerschütterliche Blick auf unsere Gleichheit. Denn auf diesem beruht der Schutz der Würde des Menschen.

Damit die Menschenwürde unantastbar ist, müssen wir uns beständig dafür einsetzen. Von Natur aus treibt jede Kultur Richtung Verfall. Damit eine Zivilisation blühen kann, braucht sie kulturelle Impulse: Es ist ein gesellschaftlicher Entschluss und eine gesellschaftliche Leistung, den Blick auf unser aller Gleichheit nie ermüden zu lassen. Dass die Würde des Menschen unantastbar ist, ist kein Naturgesetz. Wäre es anders, fänden wir uns nicht immer aufs Neue in Kriegen wieder. Wenn wir unsere Gesellschaft jedoch so organisieren, dass wir die Würde des Menschen als Grundstein in unseren Gesellschaftsbau legen, dann ist jedenfalls die Möglichkeit gegeben, dass sie unantastbar ist. Schwierig genug bleibt es immer noch, denn es gibt die Möglichkeit, es wieder auszuhebeln, das haben wir in den letzten Jahren bitter erfahren. Wie wir schon gesehen haben, haben wir mit dem Artikel 1 des Grundgesetzes[16] für die *Bundesrepublik Deutschland* diesen Grundstein gelegt. Die Konzeption des Grundgesetzes ist wunderbar, allem weiteren vorangestellt sind die Individual-, und Persönlichkeitsrechte des Einzelnen, des Individuums gegenüber dem Staat. Und mit Artikel 20 ist der Staat an eben diese gebunden. Das ist nicht von ungefähr so: fällt die Geburtsstunde des Grundgesetzes doch in die Zeit der Aufarbeitung der katastrophalen Erfahrungen, die das dritte Reich uns gebracht hat, deren Essenz eben in der Ungleichbehandlung liegt. Daran müssen wir festhalten: Artikel 1 bis 19 des Grundgesetzes formulieren Individual- und Persönlichkeitsrechte der den Staat bildenden Individuen, sie stehen da, um uns vor Übergriffen des Staates zu schützen. Das heißt umgekehrt, sie dürfen von Staats wegen weder unterlaufen noch eingefordert werden. Der Staat hat hier seine Grenzen. Eingefordert werden können sie nur von uns als individuelle Menschen, von den den Staat bildenden Persönlichkeiten, und zwar gegenüber dem Staat. Um das ohne Verwerfungen auch wirksam werden zu lassen, müssen wir dafür Sorge tragen, dass das einzig wirksame Prinzip für das Zustandekommen von Gesetzen, das Abstimmungsprinzip, unter der Vorausset-

---

16 *Bundesministerium der Justiz* www.gesetze-im-internet.de/gg/BJNR000010949.html

zung von Gleichheit ist. Alle Gesetze, die unter anderen Einflüssen zustande kommen, müssen notwendigerweise Ungleichheit stiften und damit zwangsläufig Menschen in ihrer Würde verletzen.

Unsere Denkgewohnheiten werden an dieser Stelle ziemlich strapaziert, denn wir berühren hier die Territorialfrage, die zugleich die Frage des Einheitsstaates ist. Wenn wir uns von der Idee des Einheitsstaates – dem Gedanken, dass ein Staat in der Lage sein soll auf alle Fragen Antworten zu haben – lösen, können wir zu einer differenzierten Betrachtung kommen. Wenn wir, statt die Idee eines Einheitsstaates zu verfolgen, nur die Fragen, die im Parlament auch bearbeitet werden können, auf ein Territorium beziehen, können wir in Frieden leben. Denn dann können verschiedene kulturelle Impulse nebeneinander wirken und wirtschaftliche Zusammenschlüsse können sich aus der Sache heraus bilden und ausbreiten. Ganz im Sinne der Ringparabel in Lessings *Nathan der Weise*.[17]

Bei den Fragen der Gleichheit geht es immer um Abstraktion mit Blick auf Eventualität: Was *könnte* sein? Darauf ergeben sich Antworten, unser Recht und Gesetz. Und die Ausbreitung dieses Rechtes und Gesetzes über ein bestimmtes Territorium. Diese Fragen, die sich auf das beziehen, wo wir alle gleich sind, können wir per Abstimmung beantworten. Und darin findet der Rechtsstaat seine volle Entfaltung. Und wenn er sich an das hält, was in seinem Feld liegt, was sich also mit Hilfe des demokratischen Urteils bearbeiten lässt, leisten wir Immenses durch ihn: denn er kann das wirtschaftliche Lebensfeld in seine Schranken weisen. Konkret wird dies, wie wir schon gesehen haben, z.B. an der Frage nach der maximalen wirtschaftlichen Arbeitszeit. Mit einer Beschränkung derselben würden wir ein Faktum schaffen, mit dem in der Wirtschaft umgegangen werden müsste, genauso wie mit der Verfügbarkeit oder Nichtverfügbarkeit von fruchtbarem Boden.

....
17 Gotthold Ephraim Lessing, *Nathan der Weise*, im 7. Auftritt des 3. Aufzugs.

Und ebenso, wie wir in Bezug auf die Begrenzung von wirtschaftlicher Arbeitszeit Gesetze schaffen können, könnten wir es auch in Bezug auf die Eigentumsfrage, ebenso wie in Bezug auf die Verknüpfung von Arbeit und Einkommen.

Was das Eigentum betrifft, heißt es im Grundgesetz Art. 14[18] ja jetzt schon »Eigentum verpflichtet. Sein Gebrauch soll zugleich dem Wohle der Allgemeinheit dienen.« Es mangelt also nicht so sehr am Gesetzestext, wie vielmehr an der konsequenten Durchführung der angeschlagenen Tonart. Im Art. 14 GG ist übrigens auch der Schutz des Eigentums festgesetzt. Diese Rechtssicherheit soll mit den hiesigen Überlegungen nicht in Frage gestellt werden. Ansehen müssen wir allerdings, worauf sie sich wie sinnvoll beziehen kann.

Auch hier sehen wir wieder eines der Ideale, die uns seit der französischen Revolution als Menschheit ins Stammbuch geschrieben sind, aufleuchten und konkreten Sinn bekommen: die Gleichheit. Und auch sie kann hier in diesem klar bestimmten Feld ihre volle Erfüllung finden. Denn es gibt diese Seite an uns, von der her wir alle gleich sind. Jeder von uns hat zwei Beine und wir können nicht die des einen höher schätzen als die des andern, ohne uns in unserer Menschenwürde zu verletzen. Wir kommen nicht umhin, das anzuerkennen, wenn wir wollen, dass die Würde des Menschen unantastbar ist.

Es ist der Blick auf die Seite unseres Wesens, von der wir Gleiche unter Gleichen sind, der im Zentrum des Arbeitsortes Parlament steht. Denn so verschieden wir von einem Blickwinkel aus gesehen sind, so gibt es auch einen Aspekt an unserem Wesen, in dessen Licht wir gleich sind. Der Blick auf diese schließt ein, anzuerkennen, dass wir wiederum eine andere Seite haben, von der wir absolut individuell sind, eben *nicht* ebenso gleich wie alle andern. Und darum von hier aus gesehen zu den Aspekten, bei denen es um Einsicht geht, nichts sagen können. Dazu treffen wir uns in Akademien.

18 *Bundesministerium der Justiz* www.gesetze-im-internet.de/gg/BJNR000010949.html

Die Akademie

Das wirtschaftliche Lebensfeld leidet neben der Tendenz, sich immer mehr auszubreiten und alles einzuverleiben, an einem zweiten Mangel. Es ist unfruchtbar. Erneuerung kommt ihm immer von woanders her zu. Meist bemerken wir es nur nicht, weil die Wirtschaft – insbesondere die, die sich nicht durch die Fokussierung auf die Frage: »Was brauchst Du?« auf Produktion, Zirkulation und Konsum von Waren beschränkt – so schnell ihr Erscheinungsbild über das Neue ausbreitet, dass wir gar nicht gewahr werden, was vorgeht.

Das Leitmotiv des Lebensfeldes, in dem wir nicht durch Konsent und auch nicht durch Abstimmung, sondern durch Einsicht zu Entscheidungen kommen, ist der Mut zum schöpferischen Einschlag. Wie anders sollten auch Schöpfungen – ohne die es nichts zu beraten gibt – zustande kommen? Und diese hatten wir ja als das spezifische Ergebnis in diesem Lebensbereiches identifiziert.

Jeder hier mitlesende Unternehmer – und da ich auch einer bin, gilt es auch für mich – wird hier mindestens erstaunt, verständlicherweise eher verärgert sein, denn wo anders als im wirtschaftlichen Feld ist er denn tätig? Demnach müsste sein Handeln unfruchtbar sein, wenn obige Aussage stimmt. Dabei besteht ja grade darin das Ansinnen jedes Unternehmers, dass er Impulse in die Welt bringt! Dem möchte ich gern zustimmen und ergänzen: er kann und tut es, gerade weil er nach dem Prinzip des individuellen Urteils handelt, aus der Quelle der individuellen Initiative arbeitet. Genau das zeichnet ihn aus. Der Unternehmer ist einer der Brückenköpfe, über die dem Feld der Assoziationen die Inspiration und Befruchtung aus dem Feld der Akademien zufließt.

Im wirklichen Leben hängt alles zusammen. Und weil dem so ist, muss der Unternehmer mit dem Kapital, das er für seine Tätigkeit benötigt, so verbunden sein können, dass seine Initiative nicht verletzt wird. Das gilt, solange er unternehmerisch tätig ist. Ist er es nicht mehr, sollte für diesen Fall unsere Gesellschaft so geordnet sein, dass eine andere unternehmerische Persönlichkeit sich so mit dem Kapital verbinden kann, dass ihre Initiative nicht gestört ist und uns als Gesellschaft darum der bestmögliche Nutzen daraus zufließt. Es muss also eine Möglichkeit bestehen, dass das Kapital in sachgemäßer Weise zirkulieren kann. Kurz gestreift, wenn auch nicht vollständig gefasst, hatten wir diesen Gedanken schon im Zusammenhang unserer Überlegungen zur Arbeit in den Parlamenten. Wie diesbezüglich eine konkrete Lösung aussehen kann, dazu später mehr, wenn wir ausgewählte Aspekte separat ins Auge fassen, die die Idee der sozialen Dreigliederung mit sich bringt. Hier ist für uns zunächst wichtig festzuhalten, dass die Hoheitsgewalt über Kapital in ihrem Sinn auf der Fähigkeit fußen muss, es fruchtbar zu verwalten. Und, dass diese fruchtbare Verwaltung immer untrennbar mit dem Momentum der Initiative verbunden ist.

Zurück noch mal zu den Akademien. Es ist klar, dass es überhaupt nicht entscheidend ist, ob all unsere Schulen, Unis und auch Kindergärten ab jetzt Akademien heißen. Vielmehr geht es darum, ob wir uns das Erlebnis von Kapitel 1, dass »sich überzeugen« ein reflexives Verb ist und niemand anders als ich selbst mich überzeugen kann, ohne mich zu manipulieren und es darum ganz und gar in meiner Hoheit liegt, zu eigen machen können. Etwas anders ausgedrückt also: Es geht darum, zu bemerken, dass wir die Fähigkeit haben, verschiedene Standpunkte einzunehmen, wie es in einem Zitat, das dem Boxer Muhammad Ali zugeschrieben wird, so schön zum Ausdruck kommt: »From another point of view it's not the deer crossing the road, but the road crossing the woods.« »Von einem andern Gesichtspunkt aus ist es nicht der Hirsch, der die Straße kreuzt, sondern die Straße, die den Wald durchkreuzt.« Also darum, ob wir selbst diesen Mut zur Freiheit, den Mut verschiedene Standpunkte einzunehmen und dann noch den Mut uns darin zu reflektieren, haben, das ist die Frage. Und den Mut genau diesen Mut unsern Kindern mitzugeben. Wo es geschieht, ist eine Akademie eine Akademie, egal wie sie heißt. Und wo es nicht geschieht, wird kein Ort eine solche, nur weil wir ihn so nennen. Wahrscheinlich

kommt das Zitat mit den verschiedenen Standpunkten ausgerechnet darum von einem Boxer, weil es Mut dazu braucht.
Und weil er am eignen Leib erfahren hat, wie schmerzhaft es
ist, träge zu sein.

Gern möchte ich hier auf den Film *Bildungsgang* aufmerksam machen, ebenso wie auf den *Bildungsbrief*.[19] Beides sind
Projekte, mit denen junge Menschen es sich nicht nehmen
lassen, genau den genannten Mut zu haben. Mit dem *Bildungsbrief* machen sie einen Anfang, über den Status Quo »wir
scheren alle über einen Kamm« hinauszugehen. Sie schaffen
mit ihm die Möglichkeit, ihren Ausbildungsweg angemessen
differenziert und individuell zu dokumentieren und wahr-
nehmbar zu machen. So wird nicht nur deutlich, was als Weg
hinter ihnen liegt, welche Entwicklung sie durchgemacht haben, sondern auch, wo die Potenziale ihrer Entfaltung liegen.
Was sie also an den Ort, an dem sie sich tätig ins Leben stellen wollen, für die Zukunft mitbringen. Im Filmprojekt *Bildungsgang* kommt in erschütternder Weise zum Ausdruck,
welches Leid wir durch die Gleichbehandlung an unsachge-
mäßer Stelle zufügen. Ehrlich und offen zeigen hier junge
Menschen ihre Wunden. Ebenso jedoch zeigen sie in jugend-
licher Unbefangenheit und mit Zivilcourage, welches Potenzial darin liegt, wenn jeder Mensch als Werdender individuell
seinem Wesen nach gesehen und unterstützt wird.

Und weil wir es uns heute nicht so recht vorstellen können, scheint es mir nötig, nochmals zu sagen: Individualität
ist nicht das gleiche wie Egoität. Die Entwicklung unseres Egos
und des damit verbundenen egoistischen Handelns ist ein
Durchgangsstadium zur Entwicklung der Individualität. Wir
können nicht wirklich Individualitäten werden, ohne durch
das Nadelöhr des Egoismus zu gehen. Solange wir aber noch
völlig im Egoismus festhängen, sind wir keine Individualitäten. Der Schlüssel zur Entwicklung liegt darin zu bemerken,
dass wir neben unserer Verstandesfähigkeit, der Fähigkeit gedanklich zu zergliedern, über die Vernunftfähigkeit verfügen,

....

19 Websites www.bildungsgang-film.de und www.bildungsbrief.org

also über die Fähigkeit gedanklich zu integrieren. Unsere Fähigkeit zu denken hat ein doppeltes Gesicht. Wir können zergliedern und wir können integrieren, verbinden.

So leuchtet hier das dritte Ideal, die Freiheit, in ihrer ganzen Kraft auf, erhält ihren ganz realen Sinn und findet ihre volle unbeschränkte Erfüllung. Auch sie kann sie finden, weil wir uns durch unsere gedankliche Arbeit einen differenzierten Blick auf eine differenzierte Gesellschaftsgestalt eröffnet haben; ausgehend von einer differenzierten Auffassung des Menschen als Wesen, das auf dreierlei Art zur Urteilsbildung kommen kann.

Und wie wird Frieden möglich?

Zugegeben, meine Antwort auf diese Frage fällt sehr kurz aus. Das allerdings auf dem Hintergrund all unserer Vorarbeit, als Resümee. Wer also einfach hier reinspringt und nur die Antwort auf die Friedensfrage rauspicken will, fällt notgedrungen auf die Nase. Denn es gibt keine simple Antwort darauf, es ist schon nötig, resümieren zu können, also all die Verständnisvorarbeit geleistet zu haben.

Frieden wird möglich, weil die drei großen Ideale der französischen Revolution, Freiheit, Brüderlichkeit und Gleichheit, einen konkreten Sinn erhalten und dadurch möglich werden. Es liegt ja auf der Hand, dass ich nicht undifferenziert gleichzeitig für Freiheit, Brüderlichkeit und Gleichheit eintreten kann. Sie schließen sich gegenseitig aus. Ich muss also sagen, von welchem Aspekt, unter welcher Perspektive ich für eines der Ideale spreche. Unreflektiert überlagert negieren sie sich gegenseitig. Und jedes von ihnen wirkt in den zwei Feldern und ihren Einrichtungen, in denen es nicht das Leitmotiv ist, destruktiv, wenn es sich doch dort einmischt.

Standardisierte Prüfungen zum Beispiel wirken dort, wo alles ausschließlich aus eigner Initiative hervorgehen kann, tödlich. Wie sollen Freiheit und Gleichheit *gleichzeitig* als Forderung im Raum stehen können? Oder warum sollte in dem

Raum, in dem zuerst alles auf die eigne Initiative baut, und bauen muss, dann doch plötzlich die standardisierte – folglich gleichmachende – Prüfung helfen können? Ob das zu irgendeiner Zeit in der Geschichte mal so war, ist nicht die Frage, das wäre zu untersuchen. Zweifelsohne leben wir aber in einer Gegenwart, in der es nicht der Fall ist.

So würde also Frieden möglich. Und es wäre ein Frieden der Kulturen! Was meine ich damit? Ganz einfach, der »kulturelle Resonanzraum Europa«[20] z. B. könnte wieder voll zum Erklingen kommen, wenn wir die Territorialfrage derart angehen würden, dass wir sie nur auf das demokratische Urteil beziehen und von diesem her beantworten. Während die Fragen des individuellen Urteils ebenso wie die des Kollektivurteils aus ihrer inneren Kraft und ihren inneren Voraussetzungen die Vernetzungen schaffen, die aus ihnen hervorgehen.

Um es am gewählten Beispiel der laufenden Debatte noch etwas konkreter zu fassen: Fr. Prof. Ulrike Guérot und Hr. Hauke Ritz kommen in ihrer Denkschrift zum 20. Jahrestag des europäischen Verfassungsvertrags *Für ein Europa jenseits der EU*[21] zum Schluss: »Um einen Zerfall der Europäischen Union zu verhindern, bedarf es eines emanzipatorischen Aktes, der einer institutionellen Kernsanierung gleichkommt: Die Europäische Union, die bislang eine reine Vertragsunion gewesen ist und über keine lebendige Identität verfügt, muss tatsächlich europäisch werden.« Und sie kommen zur Einsicht »Herkömmliche Reformansätze können die strukturelle Krise der europäischen Demokratie aber nicht mehr lösen.«

Ich glaube, die Beobachtungen und Überlegungen die wir der Idee der sozialen Dreigliederung folgend angestellt haben, schaffen neue, tatsächlich über veraltete Rahmenideen hinausgehende Ausgangspunkte. Diese machen einen Paradigmenwechsel wie den von Guérot und Ritz geforderten

....

20 Diesen schönen Ausdruck haben U. Guérot und H. Ritz geprägt: *Guérot, Ulrike* und *Ritz, Hauke*: Für ein Europa jenseits der EU. In Memoriam: 20 Jahre europäischer Verfassungsvertrag (Ars Vobiscum 2023), S. 25
21 Ebenda, S. 15 f.

möglich, sodass greifbar wird, was sie sich erhoffen und dem ich mich voll anschließe: »Es ist immer noch möglich, Europa zu dem weltgeschichtlichen Ort zu machen, an dem den Versuchungen der Technokratie und des Transhumanismus die Ideale eines neuen Humanismus entgegengesetzt werden.«

Die Territorialfrage kann ausschließlich eine des demokratischen Urteils sein. Damit begrenzen sich die aus ihr hervorgehenden Einrichtungen gleichzeitig auf eben dieses Territorium, womit das Prinzip des demokratischen Urteils aus der Einsicht, dass es Lebensfragen gibt, die es nicht beantworten kann, sich selbst seine Grenzen setzt. Frieden wird möglich, weil Vielfalt möglich wird. Weil jedes der drei Ideale der Französischen Revolution seinen konkreten Sinn bekommt und volle Erfüllung finden kann, da wir ihre Überlagerung entzerren.

Historisch betrachtet ist es unendlich tragisch, dass diese Entzerrung nicht zeitgleich mit dem ersten Auftreten der Ideale geschah. Diese Verwerfung, der Glaube, mit einem einheitlichen Staatsgebilde dreierlei Antworten geben zu können, ist die ursprüngliche Quelle unendlichen Leids und unendlicher Not. Diese Entzerrung leisten zu können, darin liegt die eigentliche Kraft der Idee der sozialen Dreigliederung.

Nachhaltiger Antifaschismus

Man kann es auch anders ausdrücken: Die Idee der sozialen Dreigliederung ist nachhaltiger Antifaschismus. Denn Faschismus kommt von »fascere« (lat.), was bündeln heißt. Und die Idee der sozialen Dreigliederung ist institutionalisierte Entbündelung, Gliederung, so dass Prozesse getrennt werden, die getrennt gehören. Um einen drastischen, aber ganz realen Vergleich zu wählen: Wir glauben nicht, dadurch, dass wir Wasser einatmen, trinken zu können, so sehr wir auch unseren Durst löschen wollen. Genauso wenig erwarten wir, durch runterschlucken von Luft atmen zu können. Um zu atmen, müssen wir die Luft in unsere Lunge aufnehmen, um zu trinken, müssen wir Wasser herunterschlucken. Alles andere befördert uns auf direktem Weg ins Jenseits.

Durch das Gewahrwerden der drei Urteilsformen erweitern wir unseren Horizont. Wir bemerken, dass wir zwar ein individueller Mensch sind, dass wir uns aber von drei Seiten her orientieren können. Wir können uns darüber im Klaren sein, welches der Leitmotive wir durch die Gestaltung unserer Gesellschaft in Einrichtungen verschiedener Qualität in die Mitte unserer Aufmerksamkeit stellen und verfolgen und dass wir mit jedem nur bestimmte Fragen beantworten können.

Wenn ich also von hier aus nochmal auf die Frage zurückgreife: »Wie will ich mich selbst verstehen?«, dann ist die Antwort: als sich von drei Seiten orientierendes Bewusstsein, als ein Verfechter der Ideale Freiheit! Brüderlichkeit! Gleichheit! mit ganz konkretem Inhalt.

Die Gliederung unserer Gesellschaft in funktionell und qualitativ unterschiedliche Einrichtungen nach Maßgabe der unterschiedlichen sozialen Prozesse ist echter und nachhaltiger Antifaschismus. Wir versetzen uns dadurch in die Lage, ihn zu erkennen, egal in welcher Maske er auftritt.

7 Ein Blick in den Rückspiegel

Dieses Kapitel ist vermutlich das unbeliebteste. Denn es fordert uns auf, alten Denkgewohnheiten direkt in die Augen zu schauen und sie zu erkennen, was immer mit Scham besetzt ist. Wer will schon nicht wirklich durchschaut, also verstanden haben oder die Tragweite überblickt haben von dem, was er gedacht hat? Aber ohne das hätten wir ja natürlich nicht gedacht, was wir dachten, sondern gleich anders. So ist es nun mal, jeder hat das Recht seine eigenen Fehler zu machen, anders können wir nicht lernen. Nehmen Sie mir also bitte nicht übel, dass ich Sie mit diesem Kapitel behellige.

Status Quo – was für ein Salat!

Sie wundern sich, warum wir jetzt erst zurück schauen? Und nicht mit einer »Kritik der bestehenden Verhältnisse« begonnen haben? Nun, zum einen gibt es eine ganze Menge gute »Kritik der bestehenden Verhältnisse«, sie kann in den entsprechenden Publikationen nachgelesen und über die kritischen Medien laufend jung gehalten werden, dazu ist kein Beitrag von mir nötig. Zum Einstieg kann ich www.norbert-haering.de, www.fassadenkratzer.wordpress.com oder auch www.multipolar-magazin.de empfehlen. Von dort ist es ein Leichtes, sich über Querverweise, Quellenangaben und Werbung in die Richtung weiter zu hangeln, die einem am meisten liegt. Oder eben grade in die Richtung, die einem nicht so liegt, bereit, sich nicht nur in der eigenen Blase selbst zu bestätigen, sondern den Anfang zu einer echten Meinungswahrnehmung zu machen. Weitere Einstiegsstellen sind im Anhang zu finden. Die Nennungen, sowohl hier wie dort, erheben weder einen Anspruch auf Vollständigkeit, noch stehen sie durchweg für meine Meinung. Es ist einfach eine unvollständige Liste eher weniger bekannter Informationsquellen und Orten der Meinungsäußerung. Für alle, die sich an die momentanen Gepflogenheiten der Cancel Culture gewöhnt haben, mag es ein wenig eine Schocktherapie sein. Aber es geht eben grade nicht darum, mit allem einverstanden zu sein. Sehr wohl jedoch darum, sich in der Erweiterung des eigenen Horizontes nicht zu schonen. Und damit zur Debatte zurückzukehren, dem Raum, in dem kontroverse Meinungen gegenwärtig sein können und wir uns darüber auseinander setzen.

Zum andern, und das ist der wesentlichere Aspekt, ist es unmöglich, am Alten das Neue zu entwickeln. Wenn das Neue wirklich neu sein soll, muss es frei stehen können. Und erst von da aus zurückschauend kann es sein Licht auf das Alte werfen, das dann im neuen Licht mächtig anders aussehen kann, als wir es gewohnt sind.

Ich möchte bei dieser Gelegenheit nochmal darauf hinweisen, dass ich nicht der Schöpfer der Idee der sozialen Dreigliederung bin, es war Rudolf Steiner. Ich vermittle sie nur, weil ich glaube, dass sie uns wirklich helfen kann in einer neuen, unserer Zeit gemäßen, menschenwürdigeren Gesellschaft anzukommen. Diese Anmerkung bitte ich nicht so zu verstehen, als ob ich mich damit von der Idee distanzieren will – ich stehe voll und ganz zu ihr – sondern nur so, dass ich sicher sein will, dass der volle Kredit für sie an den ursprünglichen Schöpfer geht.

Es liegt auf der Hand, was meine eigentliche Kritik am Status Quo sein muss: In unserer gegenwärtigen Gesellschaftsform bleibt völlig unberücksichtigt, dass wir zu dreierlei Arten der Urteilsfindung fähig sind und diese auch absolut Sinn machen, wenn sie auf die Art von Fragen bezogen werden, auf die sie Antworten geben können. Und es andersherum ausgesprochen destruktive Wirkungen hat, wenn entweder eine unsachliche Urteilsform auf eine an sich richtige Fragestellung angewendet, oder eine falsche Frage einer durchaus sinnvollen Urteilsform untergeschoben wird. Viel mehr gibt es zum Status Quo auch eigentlich nicht zu sagen. Wenn wir das allein berücksichtigen würden, dass wir zu dreierlei Arten der Entscheidungsfindung fähig sind und diese in sachlich richtiger Weise auf Fragenkomplexe beziehen können, würde mit der Zeit alles von sich aus in eine fruchtbare Bahn laufen. Wir würden anfangen, unsere Gesellschaft so zu strukturieren, dass uns bewusst wäre, womit wir in welcher Einrichtung wirklich zu tun haben.

Und wo sich die Katze in den Schwanz beißt

Schauen wir noch etwas anders auf unseren Status Quo, so könnten wir auch sagen: Wir sehen, wie überall nach anerkennenswerten Aspekten gerufen wird! Die einzelnen Akteure und Bürgerstimmen rufen nach verschiedenen einzelnen Gesichtspunkten, die positiv sind! Die einen rufen nach mehr Freiheit und Individualität, die andern nach Solidarität und wieder andere nach Gleichbehandlung. Und natürlich gibt es die verschiedensten Mischungen und alles wird irgendwie auf alles bezogen. Alle diese Forderungen sind absolut sinnvoll und berechtigt. Problematisch wird es dort, wo sie ideologisiert und verabsolutiert werden, als höherwertig und allein vorrangig in den Raum gestellt werden.

Wenn wir bemerken, dass wir allseitig von gutem Willen umgeben sind und dass unsere Begegnungen allein darum schief gehen können, weil unser Mitmensch mit seiner Aufmerksamkeit grade zu einem anderen Fenster aus seinem Ich-Türmchen schaut und so etwas ganz anderes vor Augen hat als wir. Dann können wir uns darüber verständigen, auf welche Art Fragestellung wir zu gegebener Zeit schauen und welche Art Urteilsprinzip wir dabei in Anwendung bringen wollen, und auf diese Weise gleichzeitig über dasselbe sprechen.

Das Herauspicken einzelner Motive und ihre Verabsolutierung zu totalitären Aussagen ist das Problem. Und das können wir durch Perspektivwechsel überwinden.

Ja, und wo beißt sich nun die Katze in den Schwanz?

Wenn Sie mich fragen vor allem in Artikel 7, Satz 1 des Grundgesetzes.[22] Er lautet: »Das gesamte Schulwesen steht unter der Aufsicht des Staates.« Solange das gilt, wird das individuelle Urteil in Bezug auf Bildungsfragen immer unterlaufen und ausgehöhlt werden. Der Staat, auch wenn er ein Rechtsstaat ist, kann auf Bildungsfragen keine positiven Antworten geben, weil diese immer nur aus dem Prinzip des individuellen Urteils heraus gegeben werden können.

Mal ganz abgesehen davon, dass sich dieser Artikel mit seinem Satz 1 im Eröffnungskanon der Artikel 1 bis 19 des Grundgesetzes, in denen Rechte des Individuums gegenüber dem Staat formuliert werden, völlig verlaufen hat. Er formuliert ja ein Recht des Staates, das Recht das Schulwesen zu beaufsichtigen, und läuft damit völlig gegen die innere Logik des Eröffnungskanons.

Anders betrachtet, stellen wir fest, dass wir uns hier im Auge des Orkans befinden. Die Funktionslogik der Macht, wie Mausfeld sie beschreibt, hat hier ihren Mittelpunkt: »Macht hat erstens immer den Hang, zur Festigung der eigenen Position zu wirken«[23], haben wir schon im Vorwort festgestellt. Wo sollte sie das effektiver tun können, als gleich bei der Erziehung der Staatsbürger?

Einfach ausradieren sollten wir Artikel 7 dennoch nicht. Ich bin für eine Umformulierung in folgendem Sinn: »Jeder Mensch hat Kraft seiner Geburt das Recht auf freie, seinem Wesen gemäße Bildung.« Die folgenden Sätze von Artikel 7 würden sich daraus ergeben oder entfallen.

Solange der Staat das Schulwesen beaufsichtigt, wird er sich seine Staatsbürger erziehen, wie er sie haben will. Und

22 *Bundesministerium der Justiz* www.gesetze-im-internet.de/gg/BJNR000010949.html
23 Vgl. *Mausfeld, Rainer*: Hybris und Nemesis. Wie uns die Entzivilisierung von Macht in den Abgrund führt – Einsichten aus 5000 Jahren (Westend 2023), S. 64 f.

solange er das tut, steht die Sache auf dem Kopf. Jeder Mensch soll *sein* Wesen entfalten können. »Im Universum der Bildung sollte das Kind die Sonne sein, um die alles kreist«[24], dann steht die Welt auf ihren Füßen.

Ein Gespenst geht um

Weil er so zentral und scheinbar unerschütterlich im bestehenden Durcheinander steht, möchte ich einem Gedanken unseres Status Quo besondere Aufmerksamkeit schenken. Haben Sie schon von der »unsichtbaren Hand des Marktes« gehört? Da sie unsichtbar ist, muss sie wohl einem Gespenst gehören, dem wollen wir jetzt auf die Schliche kommen.

Die Idee der »unsichtbaren Hand des Marktes« kam durch den schottischen Moralphilosophen Adam Smith[25], der als Begründer der klassischen Nationalökonomie gilt, in die Welt. Sie ist, unbildlich formuliert, der Gedanke, dass der Markt dank des Egoismus jedes Einzelnen und seiner Freiheit, diesen auch auszuleben, eine Eigendynamik hat. Auf Grund dessen ist er – angeblich – ein sich selbst steuerndes System, das sowohl das größte Wohl für den Einzelnen wie auch für die Gesellschaft gewährleiste und obendrein die optimale Entwicklung der Wirtschaft als Ganzes sicherstelle.

Ich glaube, dass die Idee der »unsichtbaren Hand des Marktes« der Idee der Assoziationen deutlich unterlegen ist. Der Grundgedanke der Assoziationen ist, dass keiner alle Verhältnisse im wirtschaftlichen Lebensfeld überblicken kann und wir den Wohlstand in dem wir leben, nur dadurch erreichen können, dass wir gemeinsam handeln. Das heißt praktisch, dass sich alle an einer Bedürfnisfrage Beteiligten, sei es als Konsument, Produzent oder für die Warenzirkulation Tä-

....

24 Zitat aus dem oben bereits erwähnten Film *Bildungsgang*.
25 Vergl. *Smith, Adam*: An Inquiry into the Nature and Causes of the Wealth of Nations (1776)

tiger – und natürlich nicht immer alle in persona, sondern durchaus vertreten durch entsprechend Beauftragte – um einen Tisch setzen und dort gemeinsam das anstehende Problem ins Auge fassen. Und es dadurch lösen, dass sie ihre natürlicherweise unterschiedlichen und beschränkten Gesichtspunkte einbringen und dabei auch in der Lage sind zuzuhören. Mit andern Worten: Fähig sind, über ihre eigene Nasenspitze hinaus zu schauen und den Gesichtspunkt des andern gelten zu lassen. Sie bringen die Bereitschaft mit, ihr eignes Urteil anhand von ihnen zuvor unbekannten Aspekten zu korrigieren und auf diese Weise gemeinsam zu einem Gesamturteil zu kommen. Warum soll dieses direkte gemeinsame Anstreben von Lösungen uneffektiver sein, als gegeneinander wirkender Egoismus, der erst auf indirektem Wege durch Marktforschung und Werbung wieder die Beziehung schaffen muss, die auf Grund des Postulats der »unsichtbaren Hand des Marktes« gebrochen wurde? Ich glaube nicht an Gespenster oder andere unsichtbare Kräfte, die unsere Probleme lösen, ich glaube wir müssen es selbst tun. Einen Markt brauchen wir, gewiss, aber es sollte nicht seine »unsichtbare Hand« sein, die dort zu Preisen führt, sondern unser eigenes vernünftiges Urteilen.

Folgende kleine Geschichte drückt die Grundgeste, die in der Idee der Assoziationen steckt, im Bild aus und zeigt deutlich, worin ihre Stärke liegt, eben darin, über die eigene Nasenspitze hinaus auch auf andere schauen und daran das eigene Urteil korrigieren zu können: Zwei Lehrer wetten, welche der beiden 5. Klassen, die ihnen anvertraut sind, folgende Aufgabe schneller lösen würde: Jedes Kind soll seinen Namen auf ein Blatt Papier schreiben. Dann sollen sie alle ihr Blatt zur gleichen Zeit zerknüllen und mit geschlossenen Augen irgendwo in den Raum werfen. Anschließend soll jedes sein Papier wieder bekommen. Gewonnen hat die Klasse, die schneller ist.

Der eine Lehrer erklärt seiner Klasse das Spiel und schärft den Kindern ein, dass sie sich beeilen müssen: sobald sie merken, dass sie nicht ihr eignes Papier in der Hand halten, sollen sie es fallen lassen, denn es zählt nur, dass jeder seines so schnell wie möglich wieder bekommt!

Der andere Lehrer erläutert seiner Klasse das Spiel: Hebt das euch nächste Papier auf und bringt es eurem Mitschüler, dessen Name darauf steht, denn es geht darum, dass jeder sein Papier so schnell wie möglich wieder bekommt.

Auf welche Klasse würden Sie wetten?[26]

Bitterkraut

Noch einen anderen Gesichtspunkt gibt es, von dem aus wir auf unseren Status Quo schauen müssen. Es ist der historische. Die Gesellschaft, in der wir leben, hat ihre Wurzeln im Ende des Zweiten Weltkriegs. Die Entwicklungen, die zum Zweiten Weltkrieg geführt haben, gehen auf den Ersten Weltkrieg und seine Ursprünge zurück. Als Steiner die Ideen der sozialen Dreigliederung 1917 zuerst in die politische Debatte einbrachte, hoffte er, genau die Entwicklung, die wir dann historisch erlebt haben, verhindern zu können.

Daniele Ganser hat diese historischen Ursprünge und die sich daraus ergebenden Entwicklungen vom weltgeschichtlichen Gesichtspunkt aus in seinem Buch *Imperium USA*[27] ausführlich beleuchtet. Er macht die volle Tragik sichtbar. Und die Notwendigkeit, auch auf Staatsebene zum »Prinzip Menschheitsfamilie«, wie Ganser es nennt, zurückzukehren.

....

26 Vergl. www.farmersfable.org, dort wird ein mathematisches Modell, das das »Kooperationsplus« abbildet mit Hilfe der von Marc Elsberg für seinen Roman »Gier« verfassten »Bauernfabel« allgemeinverständlich erläutert (Deutsch und Englisch). Vergl. *Elsberg, Marc*: Gier. Wie weit würdest du gehen? (Blanvalet 2020), S. 176 ff. Auf www.researchers.one/articles/19.03.00004v1 ist ein Paper von O. Peters und A. Adamou verfügbar, das die hinter der Fabel stehende Mathematik herleitet: *Ole Peters* und *Alexander Adamou*: An evolutionary advantage of cooperation (2019).

27 Vergl. *Ganser, Daniele*: Imperium USA. Die skrupellose Weltmacht (Westend 2023)

Was uns, die *Bundesrepublik Deutschland* betrifft, ist es wenig bekannt, dass wir tatsächlich in einem bewusst hergestellten Provisorium leben. Die Mütter und Väter des Grundgesetzes haben voll bewusst den Artikel 146 an dessen Ende gestellt. Und ebenso bewusst auf den Ausdruck »Verfassung« verzichtet. Der Artikel lautet: »Dieses Grundgesetz, das nach Vollendung der Einheit und Freiheit Deutschlands für das gesamte deutsche Volk gilt, verliert seine Gültigkeit an dem Tage, an dem eine Verfassung in Kraft tritt, die von dem deutschen Volke in freier Entscheidung beschlossen worden ist.«[28]

In Deutschland haben wir dieses merkwürdige Schicksal, dass wir in einem Staat leben, dessen grundlegende Gesetzesebene ursprünglich provisorisch gegeben ist. Die Intention der Mütter und Väter des Grundgesetzes war, dass einmal in freier und allgemeiner Abstimmung eine Verfassung eingesetzt werde. Die Grundsatzrede des Abgeordneten Dr. Carlo Schmid im Parlamentarischen Rat am 8. September 1948, die sich der Frage »Was heißt eigentlich: Grundgesetz?«[29] widmet, und darum auch oft so betitelt wird, lässt keinen Zweifel daran. Es ist fast, als hätten sie eine Ahnung davon gehabt, dass hier eine Tür nicht ganz geschlossen werden darf. Und, sonderbar genug, blieb uns dieser Artikel auch über die Wiedervereinigung von Ost- und Westdeutschland hinaus erhalten.

Es geht mir nicht um die Debatte, ob das ursprüngliche Provisorium eines »Grundgesetzes« durch den Lauf der Geschichte mittlerweile überholt ist, da es durch Gewohnheitsrecht Verfassung sei, nur eben diesen komischen Namen »Grundgesetz« trägt. Was ich hervorheben will ist vielmehr dieses eigenartige historische Phänomen, dass die Mütter und Väter des Grundgesetzes voll bewusst eben nicht eine Verfas-

28 *Bundesministerium der Justiz* www.gesetze-im-internet.de/gg/BJNR000010949.
    html
29 Vergl. *Deutscher Bundestag und Bundesarchiv (Hrsg.)*: Der Parlamentarische
    Rat 1948-1949. Akten und Protokolle, Band 9 (Oldenbourg Verlag 1996), S. 20 ff.
    Und als PDF *Sächsische Landeszentrale für politische Bildung*: www.slpb.de/
    fileadmin/media/Themen/Geschichte/CSchmid_GG.pdf

sung verabschiedet haben und es gegenwärtig im Schluss-
artikel des Grundgesetzes immer noch ein Echo davon gibt.

Wir könnten uns hier in der Diskussion des Für-und-Wider
leicht verstricken und damit das meines Erachtens Wesentliche verfehlen: Schauen wir als Enkel, Ur- und Ururenkel der
Generation des Zweiten Weltkriegs zurück auf den Verlauf
der historischen Entwicklung seit dem ersten Auftreten der
Idee der sozialen Dreigliederung – also dem Ende des Ersten
Weltkrieges – glaube ich, wir wären wirklich gut beraten, uns
zu berappeln und mutig auf unseren Beitrag zur Weltgeschichte loszugehen und konkret darin zu werden, unsere Demokratie durch ihre Weiterentwickelung zu schützen. Und dafür
sind wir nicht auf eine Verfassungsänderung angewiesen, wir
können es einfach tun durch die Art, wie wir die Welt verstehen. Andernfalls stehen wir in Kürze womöglich ganz ohne
Demokratie da.

Steiner war der Auffassung, dass der Kulturimpuls der sozialen Dreigliederung von Mitteleuropa in die Welt strahlen
müsse, wenn wir größte Not und größtes Leid verhindern
wollen. Er hat sich seit Sommer 1917 unermüdlich um die Ver-
breitung der Idee bemüht, in der festen Überzeugung, sich
für einen Fortgang der Weltgeschichte einzusetzen, der nach-
haltigen Frieden in sich birgt.

Ich glaube, wir stehen heute wieder an einem Punkt, an
dem wir allergrößtes Leid und allergrößte Not nur verhindern können, wenn wir uns endlich eingestehen, dass wir mit
alten Denkgewohnheiten nicht weiter kommen, dass wir
wirklich *neue* Ausgangspunkte für unser Nachdenken brauchen. Denn aus Gedanken werden Worte, werden Taten. Unsere Gesellschaft als dreigegliedert zu verfassen, wäre ein un-
missverständliches Bekenntnis dazu, über alte Denkmuster
hinausgehen zu wollen, Vergangenheit Vergangenheit sein zu
lassen und in der Gegenwart Frieden aus der Zukunft heraus
neu zu verstehen. Es wäre ein echtes Signal des Friedens in
die Welt: Deutschland ist sich seiner Lage zwischen Ost und
West bewusst, es trägt einen Sinn in sich und ist sich über seine weltpolitische Verantwortung im Klaren: *Nie wieder Krieg!*

Darum müssen wir verstehen, dass wir keine simplen Wesen sind, die alles über einen Kamm scheren können. Solange wir die Einrichtungen unserer Gesellschaft nicht nach ihren Funktionen betrachten und bemerken, dass drei ganz unterschiedliche Kräfte in ihnen zur Wirkung kommen, wird es keinen Frieden geben.

Ich möchte bei dieser Gelegenheit noch auf das Buch *Grundgesetz 2030* von Rechtsanwalt C. A. Gebauer[30] hinweisen. Er schlägt in diesem u. a. eine Textkorrektur des Grundgesetzes dahingehend vor, dass, analog zur Manager- und Geschäftsführerhaftung, auch für Politiker eine Haftung eingeführt wird. Das würde dazu führen, dass sie verantwortlich sein können für das, was sie tun und lassen. Allein damit wäre schon viel gewonnen!

Interessant ist auch der Gedanke der Initiative und Kunstaktion *Unsere Verfassung*.[31] Sie schlägt vor, das Grundgesetz durch Volksabstimmung und um diese ergänzt, zur Verfassung zu erheben. Dieser Vorschlag erkennt die große positive Kraft, die im Aufbau des Grundgesetzes liegt. Ebenso erkennt er die Notwendigkeit, gemachte Fehler oder früher aus der Zeitnotwendigkeit eingegangene Kompromisse zu korrigieren. Man könnte diesen Vorschlag als rein formalen Vorgang abtun. Denn warum sollten wir, was seit Jahrzehnten geltendes Gesetz ist, noch einmal dazu machen? Da es im Ganzen aber um einen Bewusstseinsprozess geht, glaube ich, dass ein Schritt in diese Richtung – zumindest sich damit auseinander zu setzen – deutlich mehr ist, als reine Formsache.

Damit wollen wir das weite Feld der Betrachtung des gegenwärtigen Zustandes, in dem wir uns leicht wie in einem Zauberwald verlaufen könnten und dabei unser eigentliches Ziel aus dem Auge verlieren, auch schon wieder verlassen. Was uns wirklich interessiert, ist die Frage: Wie kommen wir zu

....

30 *Gebauer, Carlos A.*: Grundgesetz 2030. Modernisierungsvorschläge für eine Erhaltungssanierung (Lau Verlag 2021), S. 39

31 Website www.unsere-verfassung.com

einer Gesellschaftsgestalt, die gute, inspirierende Lebensverhältnisse für alle schafft, ohne gleichmacherisch zu sein? Es ist die Lösung des Grundkonfliktes Individuum vs. Gemeinschaft, der wir auf der Spur sind.

Wagen wir also den Sprung ins nächste Kapitel, in dem wir so manches in einen neuen Kontext stellen und dadurch einige Überraschungen erfahren werden.

8 Manchmal muss man mutig sein!

Also gut, wenn man segeln gelernt hat, kommt irgendwann der Zeitpunkt für den ersten Blauwassertörn! Das heißt, man segelt hinaus aufs offene Meer, sieht hinter sich kein Land, vor sich auch nicht und navigiert freihand nach Kompass und Sextant, sich völlig auf die Seekarte verlassend, die ein anderer gezeichnet hat. Wir wollen jetzt also mutig sein und nicht nur liebgewonnene alte Denkgewohnheiten loslassen, sondern darüber hinaus ganz auf die neuen Gedanken vertrauen. Und das heißt natürlich tatsächlich: abschließen mit Altem. Ich habe kein Interesse daran, jemanden zu überreden, so geschieht es hier nur probeweise. Mut braucht es trotzdem.

Neue Impulse ins Denken aufnehmen

Haben Sie sich mal gefragt, wann Sie zuletzt etwas wirklich Neues gedacht haben? Also ich meine jetzt so richtig neu, wie als Ihnen als Kind zum ersten Mal klar wurde, dass im Winter die Tage kürzer sind und im Sommer länger und dazwischen immer die Tag-und-Nacht-Gleiche liegt? Oder als Sie zum ersten Mal einen neuen Kontinent bereisten, auf dem Sie Dingen, Pflanzen, Tieren und Kulturen begegneten, die Ihnen bis dahin völlig unbekannt waren? Das ist diesmal keine rhetorische Frage. Es würde mir viel bedeuten, wenn Sie sich einen Augenblick Zeit nehmen darüber nachzudenken. Es ist entscheidend, denn wir sind (allermeist) so stark in unsere Denkgewohnheiten verstrickt, dass wir gar nicht bemerken, dass es einfach nur unsere Gewohnheiten sind, in denen wir uns bewegen und uns Dinge darum plausibel erscheinen, weil sie diesen entsprechen. Wenn also mancher Gedanke, den wir jetzt verfolgen wollen, sich komisch anfühlt, hat es sehr wahrscheinlich damit zu tun, dass er nicht zu unseren Gewohnheiten passt. Ich wäre erfreut, wenn Sie ihn probehalber trotzdem mal denken. Vielen Dank!

In der Hoffnung, Sie für das Vorgehen gewonnen zu haben, will ich mit Ihnen beispielhaft einige Aspekte anreißen, die sich mir als Brückenköpfe im Verständnis der Idee der sozialen Dreigliederung darstellen.

Vorab möchte ich aber ein Beispiel herausgreifen, das mir als solches ungewöhnlich fruchtbar scheint und von daher besonders geeignet, um deutlich zu machen, was ich mit dem Überspringen der eigenen Denkgewohnheiten meine. Und auch damit, dass dies nicht ins völlige Chaos führt, sondern neue Räume öffnen kann.

Wir haben alle gelernt, dass wir mit unseren finanziellen Ressourcen besser sparsam umgehen. Das ist ohne Zweifel auch richtig. Zugleich ist es von einem bestimmten Gesichtspunkt aus gesprochen. Darüber sind wir uns jedoch oft nicht im Klaren. Finanzielle Sparsamkeit bedeutet: das Vermeiden von Ausgaben. Vom hauswirtschaftlichen Gesichtspunkt aus ist das sinnvoll, denn jeder Haushalt muss mit dem zurechtkommen, was er zur Verfügung hat. Betrachten wir es aber auf der nächsthöheren Ebene, vom volkswirtschaftlichen Gesichtspunkt aus, wird deutlich, dass jede nicht getätigte Ausgabe auf der anderen Seite eine ausbleibende Einnahme ist. Diese ausbleibende Einnahme – immer davon ausgehend, dass sie die andere Seite einer sinngetragenen Ausgabe ist – schmälert die volkswirtschaftliche Entwicklung. Gleiches sehen wir dann nochmal, wenn wir uns zur Ebene der Weltwirtschaft erheben und unsere Betrachtung von dort aus anstellen. Von hier aus bemerken wir, dass sich auch auf der Ebene der Volkswirtschaft der hauswirtschaftliche Gesichtspunkt einnehmen lässt. Und auch von hier aus betrachtet ist die Aussage recht, es solle maßvoll mit den zur Verfügung stehenden finanziellen Mitteln umgegangen werden. Und zugleich stimmt auch hier: jede nicht getätigte Ausgabe ist eine ausbleibende Einnahme auf der anderen Seite, die das wirtschaftliche Wohlergehen, weltwirtschaftlich betrachtet, schmälert.

Was kann uns das lehren? Ich denke, es zeigt uns, dass weder der hauswirtschaftliche (möglichst wenig ausgeben), noch der weltwirtschaftliche (möglichst viel ausgeben) und auch nicht der volkswirtschaftliche Standpunkt (der, der zwischen den beiden anderen steht) alleine ein Urteil erlauben, ob eine Ausgabe sinnvoll ist oder nicht. Vielmehr liegt der goldene Mittelweg irgendwo dazwischen und braucht weitere Gesichtspunkte, um gefunden zu werden.

Wenden wir die Frage noch etwas anders: Was ist das Gegenteil von Großzügigkeit? Geiz, würden wir bestimmt sagen! Dem möchte ich zustimmen. Und hinzufügen, dass ich auch Verschwendung als das Gegenteil von Großzügigkeit ansehe. Wir sind gewohnt, in Dualität zu denken: Geiz ist das Gegenteil von Großzügigkeit, Feigheit das Gegenteil von Mut, Einschränkung das Gegenteil von Freiheit. Es öffnet sich uns ein völlig neuer Raum, wenn wir bemerken, dass es – wenn wir uns darauf einlassen wollen – immer doppelte Gegensätze gibt: Großzügigkeit ist die Mitte zwischen Geiz und Verschwendung, Mut die Mitte zwischen Feigheit und Leichtsinn, Freiheit die Mitte zwischen Einschränkung und Beliebigkeit. Und natürlich ist diese Mitte immer beweglich. Wo sie liegt, ergibt sich aus der konkreten Situation und ich bin aufgerufen, nach dieser geistesgegenwärtig zu entscheiden.

Wenn ich mit meiner kleinen Jolle hinaus aufs Wasser will, bin ich auch mit vielen Jahren Segelerfahrung gut beraten, mich über das Wetter zu informieren. Das zu tun, ist sogar einer der ersten Punkte, der für die Erlangung der Fahrerlaubnis zu Wasser unterrichtet und auch in der Prüfung abgefragt wird. Wenn nun nicht grade Flaute angesagt ist, sondern eher eine steife Brise in Aussicht steht, kann ich mutig sein und doch gehen, vielleicht auch erst richtig Spaß haben, weil es sportlich zugeht. Es mag aber auch sein, dass ich übermütig bin und raus gehe, obwohl es die Bedingungen nicht hergeben. Oder aber, dass ich feige bin, die Verhältnisse und auch meine Fähigkeiten es durchaus erlauben würden, ich aber zurückschrecke, weil mir das Risiko zu groß erscheint. Dabei wäre es einfach nur eine Gelegenheit, über meine

Komfortzone hinauszugehen und eine Chance zu nutzen Neues zu versuchen. Dafür gibt es keinen objektiven Maßstab, die Entscheidung unterliegt dem individuellen Urteil und ist voll dynamisch.[32]

Wir können die soziale Dreigliederung also als die Einsicht beschreiben, anzuerkennen, dass wir komplexe Wesen sind, die über ein Bewusstsein verfügen, das sich von drei Seiten orientieren kann, verbunden mit der Absicht, unsere Gesellschaft danach zu gestalten. Die Einrichtungen unserer Gesellschaft erkennen wir dann als in einem spezifischen Bereich mit besonderem Leitprinzip liegend, wir als bewusste Wesen bewegen uns zwischen diesen, uns je nach Sachlage orientierend.

Geistesleben

Schauen wir also einmal mit unseren im Verlauf unserer Betrachtungen gemachten Einzelwahrnehmungen und dazu gebildeten Begriffen wie Nils Holgersson vom Vogelperspektivenstandpunkt der Überschau auf unsere Gesellschaft und wie wir sie gestalten könnten. Wir bemerken, dass sie sich entsprechend unserer differenzierten Urteilsfähigkeit sinnvollerweise in drei Bereiche gliedern sollte. Jeder dieser Bereiche beheimatet entweder Akademien, Assoziationen oder Parlamente, hat also das Urteilsprinzip der Einsicht, des Kollektivurteils oder das der Abstimmung als Methode. Das Feld der Akademien und der dort stattfindenden Aktivitäten mit dem Urteilsprinzip der Einsicht, bildet als Ganzes das Geistesleben.

An zwei markanten Beispielen, die beide unsere Denkgewohnheiten stark auf die Probe stellen, wollen wir in dieses

----

[32] Dieser Gedanke der balancierenden Mitte zwischen der zerstäubenden und versteinerten Geste ist ein originärer Beitrag Steiners. Er hat ihn mehrfach in Vorträgen ausgeführt und in Zusammenarbeit mit E. Maryon eine etwa 9,5 m hohe Holzplastik mit diesem Motiv geschaffen.

Feld hineinschnuppern und Charakteristika desselben umreißen. Das heißt unser Anliegen hier ist nicht, es voll auszumalen und alle Einzelfragen zu beantworten, sondern ein Gefühl für die Qualität zu gewinnen.

Das erste Beispiel ist folgendes: Im Sinne der Idee der sozialen Dreigliederung ist Kapital ein Mittel, sozial wirksam zu sein. R. Steiner wird nicht müde, diesen Aspekt immer wieder zu charakterisieren.[33]

Selbstverständlich wird sich jetzt ein Sturm der Entrüstung ähnlich dem erheben, den wir anlässlich der Infragestellung der tierischen Natur des Menschen in Kapitel 1 erlebt haben. Denn wir haben einfach viel zu oft erfahren, dass Kapital ganz und gar nicht als »Mittel, sozial wirksam zu sein« angesehen wird, sondern zum graden Gegenteil, als Mittel der Macht missbraucht. Wie gesagt, es ging im Kapitel 1 nicht darum, jemanden zu überzeugen. Sondern darum, deutlich zu machen, dass »sich überzeugen« ein reflexives Verb ist, sich also jeder nur selbst überzeugen kann. In diesem Sinn will ich versuchen, hier mit Ihnen zu denken, was Steiner vorschlägt. Wenn wir annehmen »Kapital ist ein Mittel, sozial wirksam zu sein«, was heißt das? Zunächst mal heißt es nach

....

33 Eine Stichwortnotiz aus der Vorbereitung eines Vortrags lautet z.B. »*Dem* kommt ein Recht zu, der den Willen hat, das mit dem Recht Begründete in den Dienst der Gesamtheit zu stellen.« (Hervorhebung im Original). *Steiner, Rudolf*: Die soziale Frage (Rudolf Steiner Verlag 1977, sechs Vorträge gehalten in Zürich 3. Februar bis 8. März 1919), S. 186. Sehr schön ist auch die Formulierung aus dem Aufsatz *Dreigliederung und soziales Vertrauen (Kapital und Kredit)* für die Zeitschrift *Soziale Zukunft*: »Fruchtbar können eine Kapitalmasse nur Personen oder Personengruppen verwalten, welchen die menschlichen Fähigkeiten eigen sind, diejenigen Leistungen im Dienste der menschlichen Gemeinschaft zu verrichten, für die das Kapital in Anspruch genommen wird. Nötig ist daher, dass eine solche Person oder Personengruppe eine Kapitalmasse nur so lange verwalten, als sie aus ihren Fähigkeiten heraus selbst es tun können. Ist dieses nicht mehr der Fall, dann soll die Kapitalmasse auf andere Personen übergehen, welche diese Fähigkeiten besitzen.« *Steiner, Rudolf*: Aufsätze über die Dreigliederung des sozialen Organismus und zur Zeitlage 1915–1921 (Rudolf Steiner Verlag 1982), S. 256.

dem Ausschlussprinzip eben, dass es nicht dazu da ist, um Egoismen zu erfüllen. Das heißt ganz konkret, es ist nicht da, um andere auszubeuten, um ein Mittel der persönlichen Bereicherung zu sein.

Wie wollen wir eine Anpassung unserer gesellschaftlichen Gegebenheiten in diesem Sinne rechtfertigen? Und wie umsetzen?

Nun, zum einen ist Kapitalbildung immer ein Ergebnis der Arbeitsteilung. Ganz simpel: ohne Arbeitsteilung keine Kapitalbildung. Denn erst mit der Arbeitsteilung kommen wir in die Situation, die differenzierten Geräte und Maschinen für die Teilung der Arbeit sowohl hervorzubringen als auch zu benötigen. Darüberhinaus, um uns an ein einfaches Beispiel zu halten, muss ja derjenige, der eine Säge zunächst erfindet und dann herstellt, solange er dies tut versorgt sein. Und das kann er natürlich nur sein, wenn seine Mitmenschen für diese Zeit für ihn Sorge tragen. Umso differenzierter das Kapital, umso schwieriger ist dieser Vorgang des Durch-die-andern-versorgt-Seins zu durchschauen. Die Enden des Prozesses liegen einfach sehr entfernt voneinander, so dass es dadurch schwerer ist, das Muster im Teppich so weit zu entziffern, dass der Zusammenhang ersichtlich wird. Es ist aber die Wirklichkeit: Die Bildung von Kapital ist eine gemeinschaftliche Leistung. Wiewohl es, damit sie überhaupt zustande kommt, immer einen individuellen Impuls braucht, der natürlich im Feld des individuellen Urteils liegt. Denn wenn der potentielle Sägenerfinder nicht von sich aus inspiriert ist, wird ihm auch niemand diese Inspiration einbläuen können. Das Gleiche gilt auch für das zustandegekommene Kapital. Es muss sich mit ihm wieder der individuelle Impuls verbinden können, wenn es fruchtbar werden soll. Und wie wir in Kapitel 6 schon gesehen haben, ist der Unternehmer eben einer der Brückenköpfe in der Idee der sozialen Dreigliederung, durch den die verschiedenen Bereiche miteinander verbunden werden. Er handelt aus eigener Initiative und Einsicht, was nichts Neues ist, sondern auch gegenwärtig schon jeden Unternehmer auszeichnet. Neu ist nur das Bewusstsein darüber, dass es das ihm zur Verfügung stehende Kapital ohne die gemeinschaftliche Leistung niemals gäbe. Woraus dann sachgemäß folgt, dass es seinem Wesen nach ein Mittel ist, sozial wirksam zu sein. Es soll die unternehmerische Initiative darauf zugreifen können, die am Nachhaltigsten im Sinne des ganzen sozialen Organismus tätig ist. Für die Idee der sozialen Dreigliederung kommt es also ganz entscheidend auf das Unternehmer*motiv* an.

Kapital muss so individuell mit dem Unternehmer verbunden sein können, dass er mit seiner Initiative wirklich darin leben kann und nicht bevormundet wird, denn Bevormundung ist der Tod jeder Initiative. Und wenn wir ihr nicht dort, wo sie sich zu Gunsten des Ganzen entfaltet, Raum geben, wird sie sich diesen woanders suchen, wo sie dann nicht mehr zu Gunsten des Ganzen wirkt. Initiative und Kreativität sind Urkräfte in uns, und Urkräfte lassen sich nicht unterdrücken. Kriminelle sind hoch initiative und kreative Menschen. Leider nur leben sie ihre Initiative und Kreativität zu Lasten anderer aus. Dass Initiative und Kreativität sich mit Egoismus verbinden, liegt aber nicht in ihrem Wesen, sondern hat mit der Art, wie wir unsere Gesellschaft gestalten und anderen größeren Zusammenhängen zu tun. Die ganze Überlegung führt uns also logischerweise zu Verabredungen im Arbeitsfeld der Parlamente, die aufgerufen sind, den Rahmen so zu setzen, dass beides möglich ist: Sowohl das Sich-voll-initiativ-Verbinden mit dem Kapital für den einen, als auch der Schutz der andern vor Gewalt, die durch das Verfügungsrecht des einen von ihrer initiativen Verfügung ausgeschlossen sind.[34] Einen Aspekt davon haben wir schon mehrfach berührt, den der demokratischen Abstimmung über die maximale wirt-

....

34 Ich schreibe »ausgeschlossen sein von der initiativen Verfügung«, weil wir alle in uns den Drang zu Initiative und Kreativität haben und es mir darum geht zu bemerken, dass wir nur in Bezug auf ein bestimmtes Kapital ausgeschlossen sein können. Unser Drang initiativ und kreativ zu sein gehört zu unserer Menschlichkeit, er muss andernorts gewährleistet sein, um an einer Stelle ausgeschlossen werden zu können. Ist dem so, können wir an bestimmten Stellen darauf verzichten.

schaftliche Arbeitszeit, die wir einander abverlangen wollen. Sie ist eine reale Beschränkung der Macht, die der Unternehmer durch die freie Verfügung über ein Kapital notgedrungen bekommt. Diesen haben wir, denke ich, zur Genüge erörtert.

Ein anderer Aspekt ist, dass es entscheidend ist, dass der Unternehmer durch seine *Initiative* mit dem Kapital verbunden ist. Diese Beziehung von Unternehmer zu Kapital ist also eine ganz und gar *individuelle*! Darum kann sie nicht vererbt werden. Das Motiv, das einen Menschen im Sinne des Ganzen mit einem Kapital verbinden kann, liegt in seiner Initiative. Die Initiative muss also das leitende Prinzip sein, nach dem der Zugriff auf Kapital erfolgt, bzw. das bei Weitergabe der entscheidende Faktor sein muss. Ein entsprechendes Rechtsinstitut dazu haben wir in unserer gegenwärtigen Gesellschaft nicht, da wir alles undifferenziert unter dem Begriff des uneingeschränkten Privateigentums subsumieren. Uneingeschränktes Privateigentum für bestimmte Dinge ist durchaus sinnvoll. Für die Beziehung Unternehmer zu seinem Kapital müssen wir allerdings einen neuen Begriff entwickeln. Die Richtung, in die es gehen muss, können wir als treuhänderische Verwaltung in aller Freiheit charakterisieren. So, wie es ja bereits jetzt – wie schon festgestellt – im Artikel 14 des Grundgesetzes lautet: »Eigentum verpflichtet. Sein Gebrauch soll zugleich dem Wohle der Allgemeinheit dienen.«[35]

Etwas simpel und ganz praktisch gedacht: da es immer darum geht, dass die Beziehung des Unternehmers zum Kapital eine individuelle ist, wird für den Fall der Übertragung an einen Nachfolger der Unternehmer das beste Auge für seinen Nachfolger haben, der über das Selbstverständnis verfügt, aus dem freien Geistesleben tätig zu sein. Je klarer dieses Selbstverständnis ist, umso klarer ist, dass das Kapital in freier Weise wieder in die Hände eines aus dem Prinzip der Einsicht Handelnden kommt. Leben lebt ja überall in Lebens-

....

35 *Bundesministerium der Justiz* www.gesetze-im-internet.de/gg/BJNR000010949.html

zusammenhängen, also, außer in großen überraschenden Notsituationen, ist immer das Hineinwachsen in die neue Situation möglich. Ob wir nun unseren bisherigen Eigentumsbegriff in der Art abwandeln, dass er für Kapital eine Beschränkung findet oder von vornherein einen ganz neuen Begriff, wie ich ihn z. B. in meinem Buch *Das Buch zum Geld*[36] charakterisiert habe, entwickeln, ist nicht so entscheidend. Wichtig aber ist, dass Kapital *nicht* in den Kreis der Waren und wirtschaftlichen Dienstleistungen gehört, sondern sich eben dadurch auszeichnet, dass es zur Hervorbringung von Waren und wirtschaftlichen Dienstleistungen eingesetzt wird. Kurz gesagt, wir also aufhören unser Geld, das sachlich betrachtet nichts weiter als unser Tauschmittel für Waren und wirtschaftliche Dienstleistungen ist, auf Kapital zu beziehen.

Solange Kapital käuflich – also durch Gebrauch unseres Tauschmittels für Waren und wirtschaftliche Dienstleistungen – erworben werden kann, solange wird sein wahrer Charakter: ein Mittel, sozial wirksam sein zu können, verschleiert. Und leider kitzelt es in dieser verschleierten Gestalt immer unseren Egoismus und kann immer als Mittel der Gewalt, also zur Ausbeutung eingesetzt werden.

Noch etwas anders und streng ausgedrückt: Den Schutz vor Gewalt, die von der Verfügungshoheit über Kapital ausgehen kann, können wir nachhaltig nur gewährleisten, wenn wir unser Tauschmittel für Waren von vornherein so schaffen, dass es auf Kapital garnicht bezogen werden kann. Diese Aussage beinhaltet für die Frage, wie Kapital dann zirkulieren kann noch keinerlei positiven Hinweis. Den gibt es gleich weiter unten.

Wir können Steiners Aussage auch noch anders verstehen. Was geschieht durch den Einsatz von Kapital, was ist die unmittelbare Auswirkung seines Einsatzes? Es wird möglich, mit dem gleichen Aufwand an Zeit entweder effektiver zu ar-

---

36 *Vogt, Patric*: Das Buch zum Geld. Was Sie schon immer über Geld wissen
    wollten – oder jedenfalls darüber wissen sollten (Eigenverlag 2005)

beiten, also mehr des Gleichen mit gleichem Aufwand an Zeit hervorzubringen. Oder aber mit gleichem Aufwand an Zeit bei gleicher zustandekommender Quantität bessere Qualität zu liefern. Kapital bewirkt am Output-Ende einen positiven Effekt. Darin liegt überhaupt sein Sinn: es wirkt auf Arbeit. Und damit auf die Anzahl und/oder Qualität der zustandekommenden Kisten Limonade und Brezeln. Der richtige Einsatz von Kapital antwortet also auf Bedürfnisse. Dadurch wirkt Kapital unmittelbar sozial, es lindert Hunger und Durst.

Und wir können seine Aussage von noch einem andern Standpunkt her verstehen. Denn die Wirkung von Kapital auf Arbeit hat nicht nur die Folge, dass mehr Kisten Limonade und Brezeln zustandekommen, oder dass sie bessere Qualität haben. Sondern auch die, dass derjenige, der mit dieser Tätigkeit beschäftigt ist, auf die Kapital wirkt, erleichterte Arbeitsbedingungen hat, ja sogar die Zeit seiner Tätigkeit verkürzen kann. Haben Sie mal 5 Kilo Brezelteig auf einmal geknetet? Nein? Ich kann Ihnen sagen, die Erfindung der Teigknetmaschine ist ein Segen! Wer auch immer es machen muss, er ist früher wieder freigestellt, kann früher seinen Interessen nachgehen. Erinnern wir uns: wirtschaftliche Tätigkeit richtet sich immer auf die Bedürfnisse anderer, ich tue etwas für jemand anders. Wenn ich damit früher fertig bin, kann ich mich früher dem zuwenden, was mich aus mir heraus interessiert.

Im Sinne der Idee der sozialen Dreigliederung kommen wir also dahin, das Wesen des Kapitals im Bereich des Geisteslebens liegend zu sehen. Das Geistesleben als Ganzes sind die Orte und Zeiten unserer Gesellschaft, an und in denen das Prinzip der Einsicht im Mittelpunkt steht. Zugegeben, es ist ein sehr neuer Gedanke, das Kapital in diesem Rahmen zu sehen. Zu Ende gedacht, ist er jedoch überaus fruchtbar.

Wenden wir uns dem zweiten Beispiel zu. Ebenso überraschend wie die Überlegungen zum Kapital, ist vermutlich folgender Vorschlag Steiners: Das Richteramt soll ihm zugeordnet sein.

Überraschend ist der Gedanke vielleicht, dennoch glaube ich, ist er leichter zu fassen als die Gedanken zum Kapital. Denn auch wenn nach Recht und Gesetz entschieden wird, so ist ein Urteil ja eine Einsicht: es ist eine individuelle Leistung. Der Richter antwortet damit individuell auf die ebenso individuelle Leistung des vorangegangenen Gesetzesübertritts, dieser beruht ja auch auf individuellem Urteil. So wird eine Begegnung von Mensch zu Mensch möglich, die das einzige Mittel ist, das zu gesellschaftlichem Gleichgewicht zurückführen kann.

Unsere Gesetze sind abstrakt und auf Eventualität ausgerichtet und in diesem Sinn allgemein. Der das Richteramt Bekleidende findet sie, ihm aus dem Arbeitszusammenhang der Parlamente unterbreitet, als Gegebenheit vor. Aber: Sowohl der Übertritt über die Grenzen des Gesetzes, wie auch das Urteil liegen im Bereich des individuellen Urteils. Es ist also sinnvoll, sie als Teil des Geisteslebens zu erkennen. Gemäß des spezifischen Ergebnisses der dortigen Aktivität aus dem Prinzip der Einsicht wird das Zustandekommen eines Richterspruches also eine Beratung sein. Und das Urteil selbst ein Ratschlag.

Daraus folgt, dass es sinnvoll ist die Sache so anzugehen, dass die Beziehung zwischen den beiden Parteien nicht erst durch den Gesetzesbruch gestiftet wird, sondern vielmehr jeder sich mit Volljährigkeit einen Menschen wählt, den er im Fall der Fälle als Rechtsprechenden anerkennen will. Das Leitmotiv des Geisteslebens, die Freiheit, bleibt also dadurch gewahrt, dass die Bereitschaft, sich einem Urteilsspruch zu beugen, auf der vorherigen selbständigen Richterwahl fußt.

Welcher Menschenkreis das Richteramt bekleiden kann, ist nochmal eine andere Frage, ein Ende, das wir hier offen lassen, ebenso wie die Modalitäten, nach denen die Wahl des eigenen Richters erfolgt und erneuert werden kann.

Praktisch wird die Sache dadurch, dass den Richtern Gesetzesspezialisten beigeordnet werden. Ihre Aufgabe ist es Textkenntnis zur Verfügung zu stellen, ähnlich vielleicht, wie heutzutage Fachgutachter ihre Expertise beisteuern. Für diese Gesetzesspezialisten könnten übrigens ausnahmsweise standardisierte Prüfungen von Seiten der Parlamente tatsächlich etwas Sinnvolles sein. Diese wären dann aber ganz klar nicht Teil der Prozesse im Geistesleben, sondern des bürokratischen Apparats der parlamentarischen Arbeit.

Erkennen wir das Richteramt als im Feld des Geisteslebens liegend, dann hat das eine Auswirkung: Wir integrieren Gesetzesübertritte auf diese Weise völlig anders in unsere Gesellschaft als wir es jetzt tun. Statt sie als Randerscheinung zu behandeln, rücken sie ins Zentrum unserer gesellschaftlichen Aufmerksamkeit. Die Fragen: »Was ist gesellschaftlich destruktives Verhalten?«, »Was ist böse?«, »Wie können wir gemeinsam zum Guten hingehen?« werden zentral. Wir stellen sie lange bevor ein Gesetzesbruch vollzogen wird. Mit andern Worten erkennen wir ganz praktisch an, dass jeder die Möglichkeit in sich trägt, Gesetze zu übertreten. Das erlaubt uns ein ständig wachsendes Bewusstsein, dass es viele verschiedene Anlässe dafür gibt, und wir selbst nur deshalb manchmal nicht in die Versuchung geraten, weil unsere gesamtgesellschaftliche Stellung so gut ist, dass wir es nicht nötig haben. Sozial destruktiv wirksame Kraft liegt als Potenzial in jedem von uns. Uns ihrer bewusst zu sein ist die erste Voraussetzung dafür, dass sie nicht zum Tragen kommt.

Mit diesen Überlegungen zum Richteramt soll nicht die Staatsgewalt als solche in Frage gestellt werden. Diese muss aber im Arbeitsfeld der Parlamente liegen. Natürlich muss es möglich sein, dass wir uns gemeinschaftlich schützend vor Schwächere stellen, dass Macht also als schützende Macht ausgeübt werden kann. Das hat aber nichts mit einem Richterspruch zu tun, denn dem Ergebnis einer Beratung zu folgen, liegt immer im freien Willen, da es Initiative voraussetzt. Ebenso muss es natürlich möglich sein, dass wir uns als ganze Gemeinschaft vor Bedrohung von außen schützen. Für beides muss der Staat über die entsprechende Polizei- und Militärgewalt verfügen. Für Letztere ist dann streng das Uno Gewaltverbot, also das Gebot, die militärische Gewalt niemals für einen Angriffskrieg, sondern immer nur zum Schutz einzusetzen, zu gewährleisten.[37]

Den Konflikt Individuum vs. Gemeinschaft können wir nicht dadurch lösen, dass wir die Priorität nach der einen oder andern Seite hin verschieben. Sondern nur dadurch, dass wir anerkennen, dass er zu den Lebensbedingungen unserer Zeit gehört und uns als ständige Spannung begleitet, die an verschiedenen Stellen in verschiedener Art auftritt und darum auch in verschiedener Art Lösungen finden muss.

Wirtschaftsleben

Im Feld des Wirtschaftslebens liegt die Tätigkeit der Assoziationen. Von Ausnahmen abgesehen sind wir alle auf die eine oder andere Art ebenso teilnehmend wie teilgebend daran. Das Prinzip des Kollektivurteils ist hier wirksam. Es geht um Warenproduktion, Warenzirkulation und Warenkonsum, Leistung und Gegenleistung. Auch hier haben wir Wesentliches schon im Vorhinein berührt, was wir nun genauer ins Auge fassen wollen.

Es gibt eine Geldreformbewegung, die sich darüber auseinandersetzt, wie Geld beschaffen sein soll, also welche Eigenschaften wir ihm geben sollen dadurch wie wir es schaffen. Wenn Sie sich noch nicht damit beschäftigt haben, wird Folgendes wahrscheinlich ein neuer Gedanke für Sie sein: Geld wächst nicht auf Bäumen, sondern ist eine kulturelle Leistung, die wir hervorbringen, genauso wie unsere Autos oder Espressomaschinen, denen wir dadurch, wie wir sie gestalten, ihre Eigenschaften geben. Es ist ein weites Feld, das sich hier auftut, das ich nicht diskutieren möchte. Denn was mir weit

....

37 *Charta der Vereinten Nationen* Artikel 2 Nr. 4: »Alle Mitglieder unterlassen in ihren internationalen Beziehungen jede gegen die territoriale Unversehrtheit oder die politische Unabhängigkeit eines Staates gerichtete oder sonst mit den Zielen der Vereinten Nationen unvereinbare Androhung oder Anwendung von Gewalt.« www.unric.org/de/charta

wichtiger scheint, ist die Frage: Worauf beziehen wir unser Geld?

Ja, gewiss, durch unsere Entscheidung, worauf wir es überhaupt beziehen wollen, geben wir ihm einen Charakter, eine Eigenschaft. Diese ist aber so grundlegend – weil das Wesen des Geldes eben darin besteht, auf etwas bezogen zu sein –, dass ich sie nicht als eine Eigenschaft im Besonderen betrachte, sondern als Wesensmerkmal. Und ein entscheidendes Wesensmerkmal unseres wirtschaftlichen Tauschmittels muss sein, sich nur auf wirtschaftliche Größenordnungen beziehen zu können, also auf Waren und wirtschaftliche Dienstleistungen. Und sich eben gar nicht auf Kategorien beziehen zu können, die nicht wirtschaftlicher Natur sind, als da zentral zu nennen sind: Arbeit, Grund und Boden, Kapital.

Es ist also Zeit, genauer auf das zu schauen, worauf sich Geld als Tauschmittel sehr wohl sinnvoll beziehen kann. Es ist das, wodurch wir Bedürfnisse befriedigen, Not lindern können, sei es die anderer, sei es unsere eigene. Dieses Etwas hat immer die Eigenart, dass ein Teil der Natur, eine Sache, mit ihm ergriffen wird. Auf diesen Teil der Natur wenden wir Arbeit an. Ist das geschehen, wird es an einen Ort gebracht, an dem Bedarf dafür besteht. Und dort wird es dann zu guter Letzt verbraucht, konsumiert.[38] Warenproduktion, also Hervorbringung, Warenzirkulation, also Verfrachtung und Warenkonsum, also Verbrauch, umgrenzen das Spielfeld des Wirtschaftslebens, wie wir früher schon gesehen haben. In unserer jetzigen Betrachtung kommt der dingliche Aspekt hinzu: der Teil Natur, Materie, der in jeder Ware steckt. Ein Beispiel: Meersalz bewegt sich in gelöster Form in den Weltmeeren. Durch von Menschenhand und -geist geleitete und

....

38 Steiners originaler Wortlaut ist »Ich nenne Ware jede Sache, die durch menschliche Tätigkeit zu dem geworden ist, als das sie an irgendeinem Orte, an dem sie durch den Menschen gebracht wird, ihrem Verbrauch zugeführt wird.« *Steiner, Rudolf*: Die Kernpunkte der sozialen Frage in den Lebensnotwendigkeiten der Gegenwart und Zukunft (Institut für soziale Dreigliederung 2019. Studienausgabe, herausgegeben und kommentiert von Sylvain Coiplet, Erstausgabe des Originals 1919), S. 71

ausgeführte Verdunstungsprozesse, also Arbeit, wird es aus seiner in Wasser gelösten in seine feste Form überführt. In dieser kann es abgepackt und durch den Transportprozess dorthin gebracht werden, wo es gebraucht und schließlich verbraucht wird. Sagen wir als das Salz auf den Brezeln, von denen wir früher gesprochen haben. Neben den Waren haben wir es heutzutage sehr viel mit wirtschaftlichen Dienstleistungen zu tun, was zu Steiners Zeit noch anders war, weshalb er nicht unmittelbar darauf eingeht. Wir werden aber feststellen, dass unser Verständnis von wirtschaftlicher Dienstleistung umso klarer wird, je mehr wir sie von der Charakteristik der Ware her denken. Und diese Charakteristik der Ware hilft uns zugleich erkennen, wo wir aus dem Feld des Wirtschaftslebens heraus übergriffig werden und Dingen einen Warencharakter aufdrücken, die ganz und gar keine Ware sind, die wir mit dem Begriff der Ware gar nicht erfassen können. Wenn wir es doch tun, ist es wie beim Treppensteigen, wenn wir eine Stufe übersehen, wir treten ins Leere. Das ist immer mindestens extrem unangenehm, sehr oft sogar eine Quelle schwerer Verletzung. Leider bemerken wir es bei der Anwendung des Begriffes »Ware« auf Gegebenheiten, auf die wir ihn gar nicht beziehen können, nicht auf die gleiche drastische Art, obwohl es im Gegensatz zum Übersehen einer Stufe fortlaufend geschieht. Innerlich ist es aber genau die gleiche Realität, das Haltsuchen im Nichts, das notwendig ins Desaster führen muss, weil Kräfte durch einen Fehler destruktiv statt konstruktiv aufeinander treffen.

Wie wir schon früher gesehen haben folgt daraus, dass wir Geld z. B. nicht unreflektiert auf eine Stunde Klarinettenunterricht beziehen können. Und jetzt können wir auch noch besser verstehen, warum: Er hat weder den dinglichen Aspekt an sich, noch kann er von dem, der ihn gibt abgetrennt und verschifft werden, und darum aus gleichem Grund auch nicht verbraucht. Was dieses Letztere betrifft, ist es sogar andersherum, er wird zu einer originären Quelle, denn der Klarinettenunterricht führt ja zu geübtem Klarinettenspiel, das fröhlich in die Welt herausschallt.

Es gibt noch etwas, was typisch ist für Ware. Das ist, dass wir uns alle darüber einig sind, dass sie möglichst effektiv und verlustfrei verbraucht werden soll. Keiner von uns kauft ein Stück Butter und lässt ein Viertel davon im Papier kleben, das er dann entsorgt. Ware soll selbstverständlich möglichst effektiv, ohne Verluste zum Verbrauch kommen. Wo das nicht der Fall ist, ist ganz klar, dass wir Ressourcen vergeuden, mitunter sogar Not verursachen, weil das, was wir verschwenden, an anderer Stelle dringend fehlt.

Wenn wir uns so den Begriff der Ware etwas deutlicher vor Augen geführt haben, was folgt dann daraus? Vor allem eines: *Jede* Arbeit kann keine Ware sein. Warum? Weil die Arbeit immer wesentlich mit einem Menschen verbunden ist, sich nie von ihm trennen und verfrachten lässt. Und noch viel mehr, weil das »Gebot des effektiven Verbrauches« auf Arbeit anzuwenden unmenschlich ist, eben weil sie sich nicht vom Menschen trennen lässt. Der »effektive Verbrauch von Arbeit« also den effektiven Verbrauch des Menschen bedeuten würde. Das können wir nicht gutheißen, wenn wir nicht in Zeiten der Sklaverei zurückfallen wollen. Ich will es sicher nicht!

Wir können Geld nicht auf Arbeit beziehen. Wie wir das genau machen, dieses Nicht-Beziehen von Geld auf Arbeit, und doch zu praktikablen Lebensumständen kommen, tja ... spannende Frage! Hier ist wieder eine der Grenzen, an denen wir ganz neue Begriffe entwickeln müssen. Lassen wir das für den Moment auf sich beruhen, es ist eins der offenen Enden, die wir nicht vorschnell schließen wollen.

Ein kleiner Wink, in welche Richtung eine Lösung gehen kann, ist Folgender. Wenn Kapital ein Mittel ist, sozial wirksam zu sein, ist es nicht schwer, von dort aus zu denken: alle zur Produktion notwendigen Materialien und Halbprodukte sind gemeinsames Eigentum von allen am Produktionsprozess beteiligten Menschen. Daraus folgt, dass auch das Endprodukt, die Ware – z. B. das in Säcken verpackte Salz – gemeinsames Eigentum dieses Menschenkreises ist. Demnach ist dann auch der erzielte Verkaufserlös ihr gemeinsames Eigentum. Was es also braucht, ist eine Verabredung darüber, nach welchem Schlüssel dieser Erlös aufgeteilt werden soll.

Wenn wir es so denken, wird Geld nicht auf Arbeit bezogen, sondern auf die Ware, zu deren Produktion und Verfrachtung die Hilfe aller Beteiligten nötig ist. Das zu tun ist wieder etwas ungewohnt, dafür schützt es die Menschenwürde, denn ein Mensch kann nicht dem Gedanken des effektiven Verbrauchs untergeordnet werden, ohne ihn in seiner Würde zu verletzen. Es kommt darauf an, was wir denken! Denn Gedanken werden Worte, werden Taten!

Übrigens ist es einfach so, wir können es gar nicht verhindern, dass vom Feld des Wirtschaftslebens aus geguckt alles, einfach absolut alles aussieht wie Ware. Um zu erkennen, dass nicht alles Ware ist, müssen wir mindestens Ausflüge in die andern Gebiete machen. Wie jetzt grade z. B. mit der Gedankenbildung, die wir pflegen. Dann können wir mit erweitertem Horizont zurückkommen und uns auch innerhalb des Wirtschaftslebens daran erinnern, dass nicht alles Ware ist.

Zurück zum Geld und den konkreten Folgen, die es hat, wenn dieses sich nur auf Waren und wirtschaftliche Dienstleistungen beziehen kann.

Von der Antwort auf die Frage, worauf sich Geld als wirtschaftliches Tauschmittel beziehen kann, hängt ab, inwieweit es geeignet ist, unsere wirtschaftlichen Beziehungen sauber abzubilden. Das ist notwendig, um zu gerechten Preisen zu kommen. Diese sind nicht nur darum nötig, um uns alle bestmöglich zu versorgen, sondern auch, um eine möglichst verlustfreie Steuerung der wirtschaftlichen Prozesse im Ganzen bewirken zu können. Das hat dann wieder Auswirkungen auf die von uns aufzuwendende wirtschaftliche Arbeitszeit. Erinnern Sie sich an das Gespenst, zu dem die unsichtbare Hand des Marktes gehört? Was wir jetzt besprechen, ist wie die Sonne, die dieses Gespenst vertreibt.

Wenn wir ausschließlich Waren und wirtschaftliche Dienstleistungen wie Waren behandeln, also Geld auf sie beziehen, dann kann unser Geld ein wahres – oder zumindest wirklichkeitsnahes – Abbild der Gegebenheiten im Feld des Wirtschaftslebens geben. Das eröffnet die Möglichkeit, dass steigende oder sinkende Preise für uns Signale werden, die die Urteilsgrundlage für gesamtwirtschaftliche Entscheidungen bilden. Preisbewegungen sind für uns dann wie Thermometerstände. Und wir behandeln sie dementsprechend: wenn das Thermometer das Fallen der Zimmertemperatur unter einen gewissen Stand anzeigt, halten wir nicht das Feuerzeug daran, sondern drehen die Heizung auf. Ist die gewünschte Temperatur erreicht, kommen wir nicht mit Eiswürfeln zum Thermometer, sondern drehen die Heizung runter. Heute ist dieser Vorgang durch unsere modernen Thermostate natürlich weitestgehend selbstregulierend. Der Kern bleibt: am Thermometerstand wird Handlungsbedarf erkannt, der nicht am Thermometer selbst, sondern an der Wärme produzierenden Einheit beantwortet wird. So können uns, bei beschriebenen Gegebenheiten, sinkende oder steigende Preise Handlungsbedarf signalisieren. Wir würden diesen aber dort erfüllen, wo er zu sachlicher Lösung beiträgt, statt auf verschiedene Weise an den Preisen zu manipulieren, was ist wie mit Feuerzeug und Eiswürfeln am Thermometer rumzuhantieren.

Diese saubere Abbildung der wirtschaftlichen Beziehungen durch die eindeutige Beziehung von Geld nur auf Waren und wirtschaftliche Dienstleistungen ist, was an die Stelle der Gespensterhand tritt. Es ist der konkrete Weg, auf dem wir selbst Verantwortung übernehmen und unsere vernünftigen Entscheidungen die Prozesse steuern und nicht ein massiven Reibungsverlust schaffendes Blinde-Kuh-Spiel namens »unsichtbare Hand des Marktes«.

Wollen wir für jetzt das Ganze so zusammenfassen: Wirklich wirtschaftliches Denken denkt immer vom Bedarf her. Darum geht es immer von der Peripherie aus, denn der Bedarf liegt in der Peripherie. Zentral dabei ist der Begriff der Ware, deren Wesen es ist, zu einer bestimmten Zeit eine konkrete Antwort auf ein konkretes Bedürfnis zu sein und verbraucht zu werden. Die Kernfrage dabei ist die nach den Preisen, die zu Indikatoren für wirtschaftliches Handeln werden. Die zentralen Stichworte, die wir beim Überfliegen des Wirtschaftslebens berührt haben, waren Ware, Geld und Preis.

Ergänzend wollen wir uns vielleicht noch in Erinnerung rufen, dass dieses ganz auf das Beantworten von Bedürfnissen ausgerichtete Wirtschaftsleben aus sich heraus die Kraft hat die Zusammenhänge und Strukturen zu stiften, die die Bedürfnisse am besten beantworten können. Dieses Geschehen findet aus sich heraus immer in der Geste des Zusammenschließens, des Assoziierens statt.

Rechtsleben

Das Feld parlamentarischer Tätigkeit, in dem das Urteilsprinzip der Abstimmung seine Wirksamkeit findet, bezeichnen wir als Rechtsleben. Auch hier wollen wir, um seiner Qualität nachzuspüren, aus der Vogelperspektive auf zwei Beispiele schauen. Auch diese stellen unsere Denkgewohnheiten wieder enorm auf die Probe. Beide haben wir schon früher berührt.

Das erste Beispiel haben wir immer wieder und sehr häufig beleuchtet. Wir können uns hier darum kurz fassen: Wollen wir, dass die Würde des Menschen unantastbar ist, so müssen wir die maximale wirtschaftliche Arbeitszeit, die wir voneinander einfordern können, beschränken. Dass dies sinnvollerweise durch das demokratische Prinzip erfolgen soll, ergibt sich daraus, dass diese Entscheidung in doppelter Weise unmittelbare Auswirkung auf die Lebensführung eines jeden hat. Zum einen durch die Lebenszeit, die wir einander notgedrungen abfordern dadurch, dass wir wirtschaftliche Arbeitszeit voneinander einfordern. Zum andern durch die gesellschaftliche Beschränkung des äußeren Wohlstandes, der ja von unserer wirtschaftlichen Arbeit abhängig ist. Ergänzend hinzutreten muss, wie wir gesehen haben, dass Arbeit keine Ware sein kann, der Zufluss von Einkommen also von der geleisteten Arbeit unabhängig wird und vielmehr über den Anteil am Erlös der gemeinsam produzierten Ware erfolgt, wie wir es oben angedeutet haben.

In welcher Richtung die Lösung der Einkommensfrage für im wirtschaftlichen Feld Tätige zu suchen ist, hat also schon angeklungen. Wie sie im Ganzen aussehen kann ist eine der spannendsten Fragen. Ich glaube, dass es drei Antworten darauf gibt, die alle voraussetzen, noch genauer auf das Wesen von Arbeit zu schauen. Denn nur eines unserer gesellschaftlichen Lebensfelder bringt ja Waren hervor, die beiden andern nicht.

Wir wollen diese Frage hier nicht vollständig entschlüsseln. Es ist mir aber ein Anliegen, hervorzuheben, dass Menschen, die im Feld des Geisteslebens tätig sind, *kein* Recht auf ein bedingungsloses Grundeinkommen haben. Darin allerdings sind sie allen gleich. Steiner bringt an keiner Stelle die Idee des bedingungslosen Grundeinkommens, weder unmittelbar als Ausdruck, noch durch Umschreibung auf sie hindeutend. Es ist nicht möglich, sich auf Steiner zu beziehen, um die Idee des bedingungslosen Grundeinkommens zu rechtfertigen, auch wenn dies oft geschieht. Wir wollen dieses Ende hier also geduldig etwas offen lassen, um nicht vorschnell zu Schlüssen zu kommen mit denen wir uns den Weg verbauen.

Das zweite Beispiel aus dem Bereich des Rechtslebens haben wir im Blick auf das Geistesleben schon berührt. Der Zugriffspunkt auf Kapital soll im Feld der Akademien liegen. Die Leitplanken dafür werden aus dem Feld der Parlamente gesetzt, Geld als Tauschmittel für Waren soll auf Kapital nicht bezogen werden können.

Gleiches gilt als Sonderfall der Kapitalfrage für Grund und Boden: Geld soll auf Grund und Boden nicht bezogen werden können. Denn Grund und Boden sind keine Ware. Warum sind sie es nicht? Weil ein Stück Land weder produziert, konsumiert noch verschifft werden kann. Wir können Arbeit auf ihm tun, ja, aber wir können es nicht herausschneiden, bearbeiten und verschiffen, damit es an einem andern Ort dann seinem Verbrauch zugeführt wird. Es gibt Grenzfälle, natürlich, wie z. B. die Sandgewinnung. Der Sand kann gewonnen, gewaschen und dann an einen Ort verbracht werden, wo er das Rohmaterial für Fensterglas ist. Geschieht das, so ist er eine Ware. Aber eben nur der Sand, nicht das ganze Stück Land, das bleibt zurück, wo es war. Es ist in diesem Fall als Sekundärwirkung zwar wesentlich verändert, aber für das Land bleibt es dabei: weder kann es woanders hin verbracht werden, noch kann es verbraucht werden. Europa hat keine Löcher, durch die man, wenn man auf den Boden guckt, zur andern Seite wieder in den Himmel sieht.

Am Beispiel eines Hauses, von dem wir jetzt schon die Fensterscheiben haben, können wir uns gleich auch verdeutlichen, dass das Gesagte für alle Baumaterialien gilt. Sofern sie produziert, an den Bauort gebracht und verbaut werden, sind sie Waren: Ein Stück Natur, auf das Arbeit angewendet wird, das zu einem Ort gebracht und dort verbraucht wird. Darauf können wir unser wirtschaftliches Tauschmittel – Geld – sinnvoll beziehen. Auch natürlich auf das Teil- und Gesamtergebnis fachgerechter Zusammensetzung all dieser einzelnen Stücke, die alle ursprünglich der Natur entnommen sind. Und es ist selbstverständlich sinnvoll, den so entstandenen Gesamtbetrag mit Weitblick und langer Frist auf die Nutzer des Hauses umzulegen. Aber ist das Haus einmal gebaut, wird es unsinnig Geld darauf zu beziehen. Denn mit der Fertigstellung tritt die Sache in ein ganz neues Stadium.

Und natürlich muss man es differenziert betrachten, weil auch an einem Haus der Zahn der Zeit nagt, d. h. in kürzeren oder längeren Intervallen etwas in Stand gesetzt oder erneuert werden muss. Auch hier ist dann wieder die Anwendung von Geld sinnvoll, denn es wiederholt sich der Vorgang, dass Arbeit auf ein Stück Natur angewendet und an einen Ort gebracht wird, wo es seinem Verbrauch zugeführt wird.

Sie ist es aber sicher nicht einfach nur dafür, dass jemand das Haus und das Grundstück, auf dem es steht, sein Eigentum nennt. Es ist bestimmt richtig, die Kosten des Baues und natürlich die der Erhaltung und Reparatur langfristig auf die Nutzer umzulegen. Ganz gewiss ist es aber völliger Unsinn, einen Kostenfaktor allein aus dem Eigentum an Grund und Boden samt Immobilie zu kreieren. Wo wir es doch tun, erzwingen wir eine Leistung, der keine Gegenleistung gegenübersteht. Das ist reine Gewaltausübung.

Unser wirtschaftliches Tauschmittel ist nicht geeignet, um unsere Beziehung zu Grund und Boden sinnvoll zu gestalten. Nutzen wir es trotzdem dafür, führt es zu enormen Verwerfungen, wie wir sie im Verlauf der Geschichte immer wieder gesehen haben und uns auch grade mitten in einer solchen kurz vor dem Kippunkt wiederfinden. Unsere Beziehung zu Grund und Boden ist keine, die – mit Ausnahme der genannten Randerscheinungen – im wirtschaftlichen Feld liegt. Sie ist sachgemäß betrachtet eine rechtliche Beziehung. Ebenso sonnenklar wie es für uns ist, dass Sklavenhaltung nicht in Betracht kommt, auch nicht in ihren Überresten der Lohnarbeit, müsste unser Erlebnis sein, dass aus Vermietung und Verpachtung, wie wir sie heute gestalten, hervorgehendes Einkommen handfestes Unrecht ist.

Um einen Lösungsvorschlag – so konkret, wie ich ihn mache, nicht von Steiner, sondern von mir formuliert – darzustellen: Das Eigentum an Grund und Boden halten wir in der *BRD* gegenwärtig im sog. Grundbuch fest. Der Eigentumsübertrag ist heutzutage (fast) immer an eine Geldzahlung gekoppelt, wir kaufen Grund und Boden. Wir könnten diese einfach weg lassen und mit gleichen Sicherheitsstandards von Stund an nicht mehr das Eigentum im Grundbuch dokumentieren, sondern allein das *Verfügungsrecht*. Also die Antwort auf die Frage: *Wer hat nach aktuellem Stand der Dinge das Recht der Verfügung über das Grundstück, was ist unsere Übereinkunft diesbezüglich?*

Der hohe Sicherheitsstandard ist in einer so basalen Sache wie der Verfügung über Grund und Boden durchaus angebracht. Um diesen kurz zu charakterisieren: durch mehrfach schrittweises Vorgehen, an dem Drittparteien zwingend beteiligt sind, wird verhindert, dass eine fehlerhafte Eintragung zustandekommt. Und hat einmal eine Eintragung stattgefunden, ist es kaum möglich, sie zu korrigieren. Es ist also wirklich ein ausgesprochen hoher Sicherheitsstandard, sozusagen ein juristisches Hochsicherheitsgefängnis. Dieser ist, wie ich schon sagte, in so grundlegender Sache auch absolut sinnvoll und wir wollen ihn sicher beibehalten. Die Frage ist aber, worauf er sich bezieht. Das Entscheidende am Eigentum an Grund und Boden ist, dass andere von der Nutzung ausgeschlossen werden. Das ist ein *Rechtsanspruch*, es geht um Verfügungs*recht*.

Wenn Sie sich fragen: ja und wo ist da jetzt der Unterschied? Nun ja, eben darin, wie wir eine Sache denken. Und falls Sie einfach aus dem Nichts – also ohne die vorangehenden Kapitel gelesen und sich auf die Gedanken eingelassen zu haben – hier hineingesprungen sind, müssen Sie notwendig vor die Wand laufen. Die Mühe, es zu kontextualisieren, also die vorangegangenen Ausführungen zur Kenntnis zu nehmen, kann ich Ihnen nicht ersparen. Für alle andern ist es schwierig genug sich vorzustellen, wie ein Übergang in die Gepflogenheiten der sozialen Dreigliederung hinein möglich sein soll ohne blutige revolutionäre Verwerfungen, die wir wirklich hoffen uns ersparen zu können. Nun, manchmal muss man nicht nur mutig sein, sondern auch Vertrauen haben. Natürlich kein blindes Vertrauen, sondern Vertrauen sehenden, wachen Auges.[39]

Noch etwas anders können wir die ganze Sache auch so beschreiben, dass es sinnvoll wäre, das Primat der Begriffe Eigentum und Besitz in Bezug auf Grund und Boden – und wir erinnern uns, das ist ein Spezialfall der Kapitalfrage, also für alles Kapital – umzukehren. Heute haben wir unsere Verhältnisse so organisiert, dass der Eigentumsbegriff den Besitzbegriff bestimmt: Wer Eigentümer ist, entscheidet über das Verfügungsrecht, den Besitz. Gesunder wäre es für uns als soziale Gemeinschaft, wenn der Besitzbegriff den Eigentums-

....

39 Für alle, die vertiefte Kenntnisse des Fiatgeld-Systems haben, möchte ich darauf hinweisen, dass aus meiner Sicht hier der eigentliche Knackpunkt in dieser Sache liegt, da die letzte Sicherheit bei der Geldschöpfung immer Grund und Boden ist. Grund und Boden ist *der* Sachwert hinter allen Sachwerten.

begriff bestimmt und damit einschränkt: Nur so viel Eigentum an Grund und Boden/Kapital kann beansprucht werden, wie auch besessen werden kann. Soviel also, wie man tatsächlich pflegen, dafür Sorge tragen und sinnvoll nutzen kann. Es gibt Menschen mit immenser unternehmerischer Fähigkeit, es wäre nicht zu unserem Besten, diese brach liegen zu lassen. Und zugleich haben auch diese Menschen eine Grenze ihrer Leistungsfähigkeit. Da, wo diese liegt, sollte auch die Grenze ihrer Verfügungsgewalt liegen. Besitz bestimmt Eigentum, nicht Eigentum bestimmt Besitz, wäre die Kurzformel. Wie schon erwähnt, ist es ja im Grundgesetz Artikel 14[40] auch so angelegt: Eigentum verpflichtet!

Insgesamt also, müssen wir sagen, besteht das Wesen des Rechtslebens darin, die Menschenwürde unantastbar zu machen. Notfalls muss es dazu über die entsprechende Staatsgewalt verfügen, die unbedingt immer nur als schützende Gewalt ausgeübt wird. Sein Tagesgeschäft aber ist, den in abstrakter Weise auf Eventualität zielenden Gesetzesbestand zu pflegen und wo vielleicht nötig auszulichten oder zu ergänzen. Also die Rahmenbedingungen unserer Gesellschaft zu schaffen und sie unserem sich entwickelnden Rechtsgefühl anzupassen. Das ist in einem freiheitlichen Rechtsstaat ein Prozess, an dem alle gleichermaßen und gleichberechtigt beteiligt sein sollten und der darum dem demokratischen Prinzip unterliegt.

Wo das Rechtsleben seinen Auftrag verfehlt oder durch Gruppeninteressen missbraucht wird, kommen im Zweifelsfall die Worte zum Tragen: »Wo Unrecht zu Recht wird, wird Widerstand zur Pflicht«.[41] Wenn das aber der Fall ist, sind wir wirklich schon in einer arg misslichen Lage, die ich uns nicht wünsche.

....

40 *Bundesministerium der Justiz* www.gesetze-im-internet.de/gg/BJNR000010949.html
41 Das Zitat wird oft Bertolt Brecht zugeschrieben und würde auch zu ihm passen, das konnte ich aber nicht verifizieren.

Dieses Feld, das Rechtsleben, ist das einzige, was im Sinne unserer Denkgewohnheiten territorial gebunden ist. Im dreigegliederten sozialen Organismus können gut verschiedene Kulturimpulse aus ihrer eigenen Kraft auf gleichem Territorium miteinander leben. Und die Wirtschaft wird nach ihren eigenen Gesetzen und Impulsen ein weltweites Netz bilden. Wie es ja auch jetzt schon der Fall ist und nur darum so destruktiv wirkt, weil wir die Entwirrung nicht zustandebringen und insbesondere stur daran festhalten, sowohl auf die Arbeitsfrage wie auch auf die Kapitalfrage veraltete Antworten zu geben.

Der alte Nationalstaat ist hinfällig, ebenso wie die Angst vor Überfremdung. Besser wäre es, wir bauen uns ein neues Haus mit vielen Wohnungen, bevor das alte über uns zusammenstürzt.

Bubble Tea

Damit sind wir aus meiner Sicht zu einem unserer echten Kernprobleme vorgedrungen.

Wir leben momentan in einer Gesellschaft, in der Menschen in der Notlage sind, in Arbeitsverhältnissen verpflichtet zu sein, die keinen realen Beitrag zu unserem Wohlstand leisten. Ich bin mir bewusst, dass diese Aussage ausgesprochen unhöflich ist. Darum möchte ich betonen, dass die Verantwortung dafür nicht bei einzelnen Menschen liegt, sondern bei uns als Gesellschaft, weil wir unsere Gesellschaft so gestalten, wie wir es tun. Wir kommen nicht umhin, einen nüchternen Blick darauf zu werfen. Um ein kristallklares Beispiel zu nennen: Warum um alles in der Welt brauchen wir Werbung? Zu allem Überfluss haben wir auch noch so viel davon, dass wir, selbst wenn sie um 50% reduziert wäre, in unserer zivilisierten Umgebung immer noch kaum umher schauen könnten, ohne dass wir auch Werbung sehen. Ein gewisses Maß an Produktinformation ist sicher gut zu haben. Werbung allerdings trägt nichts zu einer sachlichen, auch nicht zu einer emotional-sachlichen, Urteilsbildung bei, denn ihr Ziel ist es, ein Bedürfnis für etwas in uns zu wecken, für das wir uns nicht interessieren.

Das offensichtliche Problem ist, dass alle Menschen, die in diesem Bereich tätig sind, ihr Einkommen daraus beziehen. Fällt er weg, verlieren diese Menschen ihr Einkommen und damit ihre Daseinsgrundlage. Eine Antwort, die wir also in der Lage sein müssen zu geben, ist, wie Einkommen zufließt ohne diese spezifische Tätigkeit. Das ist eigentlich ziemlich leicht, weil es gibt genug Arbeit, die realen Beitrag leistet, die aufgenommen werden kann. Dabei wird es entsprechende Preisanpassungen für die Produkte geben. Dieses Geschehen gehört vom Gesichtspunkt der sozialen Dreigliederung zu den gewünschten Effekten, es ist ein Signal, das ermöglicht, gesamtwirtschaftliche Entscheidungen so zu treffen, dass Arbeit dort geleistet wird, wo durch sie Bedürfnisse erfüllt werden.

Die viel größere, aus meiner Sicht echte Herausforderung, liegt in der zweiten Ebene, dem Problem, das der Illusionist für den Moment dadurch weggezaubert hat, dass er es unter dem doppelten Boden versteckt: Wir alle tun, was wir tun, weil wir es für sinnvoll halten. Unsere Arbeit versorgt uns ja nicht nur mit Einkommen, sondern ist sinnstiftend für uns. Wenn Arbeitsverhältnisse wegfallen, geht Lebenssinn verloren. Und dieser ist nicht einfach zu ersetzen. Wir können uns eine Weile darüber hinweg täuschen, solange wir trotzdem ein befriedigendes Auskommen haben. Letzten Endes steht jeder Einzelne aber vor der Frage: Warum überhaupt oder wofür lebe ich? Angst vor Sinnverlust ist eine unglaublich starke Triebfeder in uns, denn »einen Sinn zu sehen« ist eine unser Leben tragende Kraft. Technisch ist hier keine Lösung zu erreichen, sondern nur durch die individuelle Auseinandersetzung. Und dazu braucht es Mut. Viel einfacher ist es, im bestehenden Arbeitsverhältnis zu bleiben und nicht so genau hinzuschauen.

Auch darum, weil wir dieses Problem ganz real haben, sind wir der Frage: »Wie will ich mich selbst verstehen?« schon ganz zu Anfang begegnet.

Wie breit dieses Feld der fruchtlosen Arbeit ist, das ist, wenn man den Schock dieser unverschämten Aussage einmal verdaut hat, erstaunlich. Angenommen wir gestalten unsere Steuergesetzgebung, was leicht möglich ist, einfacher, fallen zugleich Arbeitsplätze in der Steuerverwaltung wie auch in der Steuerberatung weg. Das Prinzipielle daran gilt für jede Form von Bürokratie. Nicht anders ist es mit Immobilienmaklern, Lobbyisten, PR-Spezialisten, Investmentbankern, Unternehmensberatern usw., sowie ihren jeweiligen Gegenspielern. Und hinter dieser Fassade Scheintätiger gibt es dann die zweite Reihe all derer, die eigentlich sinnvolle Arbeit leisten, die aber dadurch, dass sie zur Ermöglichung unproduktiver Tätigkeit geleistet werden muss, auch ihren realen Wert und Sinn verliert. Es müssen ja all die Räume gebaut, in Stand gehalten und geputzt werden, die für diese Arbeit gebraucht werden, ebenso wie die dafür benötigten Laptops, Drucker und Papierhaufen. Das wäre nicht nötig, wenn die unreale Arbeit einfach unterlassen würde.

Würden wir unser Zusammenleben in diesem Sinn bereinigen, kämen wir nach sehr ernst zu nehmenden Schätzungen weltweit auf eine 15-Stunden-Arbeitswoche.[42] Das ist, denke ich krass! Damit würden wir alle gemeinsam zum ersten Mal in den Genuss der Arbeitszeitverkürzung kommen, die durch die Kapitalbildung – die wie wir gesehen haben, immer eine Gemeinschaftsleistung ist – zustande gekommen ist.

Unser wirkliches Problem ist also nicht, dass wir die Arbeit nicht bewältigen können, sondern dass wir unser Einkommen an die Arbeit – statt an die Ergebnisse unserer Arbeit – koppeln, und die Frage nach dem Sinn unseres Lebens nur stotternd beantworten können.

Weil die Einkommensfrage zu den Kernpunkten gehört und mit der Arbeitsfrage verknüpft ist, sind wir ihr durch das ganze Buch hindurch von verschiedenen Seiten immer wieder begegnet. Beantworten lässt sie sich nur, in einem Atem-

---

42 *Graeber, David*: Bull Shit Jobs. Vom wahren Sinn der Arbeit (Klett-Cotta 2018), S. 111

zug mit der Frage des Eigentums an Kapital, vor allem in seiner speziellen Form von Grund und Boden.

Durch die Einsicht, alle Aktivität im Wirtschaftsleben ganz auf die Beantwortung realer Bedürfnisse auszurichten, also immer von den Bedürfnissen ausgehend zu beginnen, haben wir mit unseren Überlegungen übrigens schon lange die Weichen Richtung sinnvoller, realen Beitrag leistender Tätigkeit gestellt. Und dann macht Arbeit auch im Wirtschaftsleben Freude, weil sie sinnvoll ist und nicht unnötig an unserer wundervollen Lebenszeit frisst. Und weil wir uns immer bewusst sind, es ist ein Teil unseres Lebens, den wir auf die Beantwortung der ganz realen Bedürfnisse unserer Mitmenschen aufwenden, während wir zugleich davor geschützt sind, dort verbraucht zu werden. Denn wir wissen ja, daneben gibt es einen anderen Teil unseres Lebens, in dem wir unser Wesen frei nach unseren ureigensten Impulsen entfalten können.

Ich hoffe Sie haben unseren Blauwassertörn genossen. Mir ist bewusst, dass es sich draußen auf dem Meer ohne jedes Land in Sicht und auf eigenem Kiel unterwegs ganz schön weit anfühlen kann. Wenn Sie das, was wir auf unserem Ausflug erlebt haben, also ziemlich verwegen finden, kann ich es gut verstehen. Darum möchte ich betonen, dass es in keiner Weise im Sinne der Idee der sozialen Dreigliederung ist, »Revolution zu machen«. Es geht darum, das Bestehende Schritt für Schritt so weiter zu entwickeln, dass Leid und Not vermieden werden. Zugleich allerdings dürfen wir uns nicht darüber hinweg täuschen, dass unser Status Quo nur funktioniert, weil wir großes Leid und große Not akzeptieren.

9 Übung macht den Meister

Mit diesem Kapitel will ich Sie anregen, die eigenen Fähigkeiten in Sachen Entscheidungsfindung praktisch zu präzisieren. Oder vielleicht auch einfach erstmal einen Blick dafür zu entwickeln, wo aus reiner Gewohnheit Dinge durcheinander geworfen werden. In diesem Sinn ist es – wie das ganze Buch – ein Beitrag im Bereich des individuellen Urteils und möchte sich diesem stellen.

Wir haben es in unserem Zusammenleben ständig mit Fragestellungen der einen oder anderen Art zu tun, das lässt sich gar nicht verhindern. Zu bemerken, vor welcher Art Fragestellung wir grade stehen und dann die entsprechende Urteilsart anzuwenden, können wir üben, und Übung macht den Meister! Wir beschließen das Kapitel mit einem konzentrierten Blick auf die Unmöglichkeiten, das ist hilfreich, um sich die Grenzen der einzelnen Felder deutlich vor Augen führen zu können.

Individuelles Urteil

Das Prinzip des individuellen Urteils kommt überall dort zum Tragen, wo wir uns um eine Erkenntnis bemühen oder einen kreativen Prozess verfolgen.

Die ersten Meister-werden-Vorschläge klingen zugegeben etwas simpel. Ich glaube aber, es lohnt sich klein anzufangen. Der große Vorteil dabei ist, es gibt Gelegenheiten zu Hauf und Sie sind nicht davon abhängig, dass jemand anderes mitmacht. Wie für alles Üben, gilt bitte Training von Wettkampf trennen. Training findet in eingeschränkten Zeitfenstern statt, davor und danach haben wir frei und einen Wettkampf gibt's nur ab und zu. Also bitte nicht ständig üben wollen, das führt nur zu wahnsinnig verkorksten sozialen Situationen.

Die erste Übung ist: Kann ich es aushalten, mit einem Problem allein zu sein? Kann ich darauf verzichten, sofort eine Antwort haben zu müssen? Kann ich darauf verzichten, mich an die Auffassung eines andern anzulehnen, also ggf. eine Weile mit einer offenen Frage leben? Oder noch etwas anders: Halte ich es in einem leeren Raum aus? »In einem leeren Raum« ist durchaus wörtlich gemeint. Und natürlich auch in übertragenem Sinn, denn wir leben in einer Welt, in der Menschen auch vor uns schon Einsichten hatten. Es geht nicht darum, das zu negieren. Wohl aber darum, ihren Einsichten immer wieder unvoreingenommen vorurteilslos zu begegnen. Und also frei zu sein, mit ihrer Hilfe eigenständig zu unseren durchzudringen. Wenn wir dazu bereit sind, atmen wir tatsächlich die Luft der Freiheit.

Und es liegt in der Natur der Sache, dass Freiheit mit Ungewissheit verbunden ist, denn Leben ist immer lebensgefährlich. Wir erinnern uns an unsere Begegnung mit dem Mut, er liegt irgendwo zwischen Leichtsinn und Angst. Wo das genau ist, können für sich nur Sie allein wissen. Mit Sicherheit aber können Sie nicht verhindern, dass Sie mal sterben, sie können nur sicherstellen, dass Sie zuvor gelebt haben. Wie eine Grundregel des Improtheaters sagt »Genieße das Scheitern!«.

Eine zweite Übung ist: Kann ich in einem Gespräch jemandem zuhören? Einfach nur zuhören. Also nicht zeitgleich innerlich schon meine Rede formulieren? Damit ist natürlich nicht gemeint, dass ich, wenn es meine Zeit zu reden ist, nicht sagen soll, was meine Meinung ist. Sondern einfach nur, dass ich in der Zeit, in der ich zuhöre, tatsächlich zuhöre, also aufnehme, was geäußert wird. Vielleicht erscheint Ihnen das sehr einfach; mir nicht so sehr, ich muss es regelmäßig üben. Zwei Tricks, die ich dabei sehr hilfreich finde, sind:

1. Ich übersetze die Rede, der ich zuhöre, innerlich in Bilder. Was meine ich damit? Ganz simpel, wenn meine Frau mir z. B. von der Theateraufführung erzählt, die ich gestern Abend verpasst habe, mache ich mir die Mühe, innerlich

zu sehen, was sie mir berichtet. Also das Rot, von dem sie spricht, nicht nur abstrakt zu denken, sondern als Bild vor meinem inneren Auge zu erschaffen. Ebenso die Zornesfalte im Gesicht der Heldin, wie auch ihre braunen Stiefel. Dabei ist das Wesentliche nicht, dass ein fotografisch exaktes Abbild entsteht. Es kommt also nicht darauf an, ob meine Frau mir alles im Detail berichtet. Worauf es ankommt, ist vielmehr meine innere Aktivität. Wenn mir ein Sinneseindruck in ihrer Erzählung fehlt, kann ich ihn also einfach einsetzen. Das Wesentliche, um das es geht, ist meine innere bildschaffende Kraft, die ich übe. Mir ein Bild zu machen von dem, was ich höre, ist ein aktiver Vorgang, ich muss es machen, sonst passiert es nicht, und das ist es, was ich üben will.

2. Neben dem Inhalt der Rede auch auf den Klang der Stimme zu hören. Damit setze ich einen zusätzlichen Fokus. Und über den Klang der Stimme nehme ich ganz andere Dinge wahr als den Inhalt der Rede. Ein Zwischenschritt hin zu dieser Übung kann sein, in Situationen, in denen es nun wirklich nicht drauf ankommt, also z.B. beim Frisör oder an der Bushaltestelle, überhaupt erstmal auf den Klang von Stimmen zu hören. Zur Auswahl stehen mir die Qualitäten hoch – tief, hart – weich und laut – leise, mehr kann die Stimme nicht. Sie verrät dadurch aber unendlich viel über das innere Erleben des Sprechers.

Ärgern sie sich in beiden Fällen nicht, wenn es nicht auf Anhieb klappt oder nur für kurze Zeit. Es sind beides aktive Vorgänge, die wir machen müssen. *Ich* muss den Klang der Stimme in meine Aufmerksamkeit nehmen, sonst geschieht es nicht. *Ich* muss mir ein inneres Bild machen von dem, was ich höre, sonst passiert es nicht. Es sind Übungen, die etwas in uns ansprechen, dessen wir uns meist nicht bewusst sind. Also beginnen Sie mit kleinen Trainingseinheiten. Wenn Sie einen Marathon laufen wollen, legen Sie ja auch nicht damit los, dass Sie gleich am ersten Tag die ganzen 42,195 km laufen.

Viel schwerer ist schon folgende Übung: Kann ich aufhören, ungefragt meine Ratschläge zu verteilen? Natürlich sind wir alle davon überzeugt, dass wir das Wichtigste zu sagen haben. Viel wichtiger ist aber, das Initiativprinzip zu respektieren, eigne Fehler machen zu dürfen und anderen zuzugestehen, dass sie ihre Fehler machen dürfen. Sie müssen auch nicht gar nichts sagen, nur weil Sie keine Ratschläge mehr verteilen wollen. Sie können stattdessen Fragen stellen. Achten Sie nur darauf, dass es ehrlich gemeinte Fragen sind, nicht solche, durch die Sie auf etwas aufmerksam machen wollen, also letztlich das Gespräch lenken.

Und zuletzt eine Übung, in der es um eine reale soziale Situation geht, in der Sie nicht allein in der aktiven Position sind. Es kommt immer wieder vor, dass wir Feste feiern! Weihnachten, einen Geburtstag oder ein Jubiläum. Feste sind besondere Zeiten, es stellt sich regelmäßig die Frage nach ihrer Gestaltung. Je bedeutender das Fest, umso weiter wirft es seine Schatten voraus, umso früher wollen wir wissen: wer bereitet was vor? Diese Situation eignet sich hervorragend, um einander Prozesseignerschaft zuzuerkennen. Zum Beispiel kann jemand für die Wahl des Ortes verantwortlich sein. Jemand anders kann den Auftrag der Raum- und Tischdekoration übernehmen. Wieder jemand anders kann verantwortlich sein für den Ablauf, die musikalischen, Rede- und sonstigen Beiträge. Entscheidend ist: wer eine Verantwortung übernimmt, hat die Hoheit über den Prozess, er ist Prozesseigner. Selbstverständlich kann er sich mit anderen beraten. Und natürlich können Prozesseigner, deren Aufgabenstellung Berührung mit der eines andern hat um eine gemeinsame Beratung bitten. Die Entscheidungshoheit über die eigene Aufgabe liegt aber ganz beim Prozesseigner.

Noch eine Nummer größer ist die Herausforderung, wenn die Gestaltung eines Festes vollständig einem übergeben wird. Das heißt wieder nicht, dass er alles eigenhändig machen muss, wohl aber, dass er die Entscheidungshoheit hat. Dies schließt, wie wir schon gesehen haben, nicht die Möglichkeit der Beratung aus.

Kollektivurteil

Konsent, die Form des Kollektivurteils, auf die wir uns beschränkt haben, ist kein Schreibfehler, sondern ein Ausdruck aus dem technischen Bereich.[43] Er bedeutet, dass die Selbststeuerung eines Systems so lange grünes Licht gibt, wie keine Komponente einen schwerwiegenden Fehler meldet. Kommt eine schwerwiegende Fehlermeldung – z. B. Kühlwasserstand unterhalb kritischer Marke – schaltet die Selbststeuerung das System zur Verhinderung eines Schadens ab. In dem Fall ist Hilfe von außen nötig.

In den 1970er Jahren kam der holländische Unternehmer Gerard Endenburg auf die Idee, dieses Modell zum tragenden Entscheidungsprinzip in seinem Unternehmen zu machen. Das Besondere ist, das ein Lösungsvorschlag als angenommen gilt, wenn im Entscheidungsprozess kein schwerer begründeter Einwand, der sich aus dem gemeinsamen Ziel ergibt, vorgebracht wird. Das hat den Vorteil und ist für diese Art Entscheidungen, um die es uns mit Kollektivurteilen geht, auch völlig ausreichend, dass die getroffene Entscheidung nicht für jeden die bestmögliche Lösung sein muss, sondern es durchaus reicht, wenn sie im Toleranzbereich liegt. »Gut genug für jetzt und sicher genug, um es auszuprobieren« ist die Devise, denn es besteht jederzeit die Möglichkeit einer Nachsteuerung. Das Modell schafft also einen Entscheidungsprozess, in dem der Obstbauer, um unser früheres Beispiel aufzugreifen, den schweren begründeten Einwand machen kann »Orangenanbau in unseren Breitengraden ist nicht möglich, Temperaturen zu gering«. Und da der Einwand nicht ausgeräumt werden kann, ist klar, dass es keinen Orangenanbau in der SoLaWi geben wird. Es kommt aber bestimmt jemand auf die Idee, dass es ja möglich ist, mit einer SoLaWi auf Sizilien

....

43 Ich möchte nochmal betonen, dass ich die Betrachtung zum Kollektivurteil insofern vereinfache, als ich auf die Anwendung der Konsentmethode spezifiziert habe. Das geht nicht auf Steiner zurück. Andere konkrete Umsetzungen zur Bildung von Kollektivurteilen sind zu untersuchen.

zu kooperieren. Dagegen sticht der schwere begründete Einwand »Orangenanbau in unseren Breitengraden nicht möglich, Temperaturen zu gering« nicht. Und wenn es sonst keinen anderen gibt, gibt's eben doch bald Orangen direkt von der eignen SoLaWi.

An dem genannten Beispiel können wir uns die Voraussetzungen für die Entscheidungsfindung im Konsent klar machen. Es braucht vor allem andern ein gemeinsames übergeordnetes Ziel, auf das zugegangen wird. Dieses liegt, wie wir wissen, irgendwo im Feld der Assoziationen, es geht also im Großen und Ganzen um Leistung und Gegenleistung. Ist das nicht gegeben, führt es früher oder später zu Problemen, dann muss die gemeinsame Zielsetzung nachgeschärft werden. Ferner braucht es natürlich eine Aufgabenstellung, eine Frage, die eine Entscheidung fordert, sonst gibt es keinen Anlass für eine Urteilsbildung. Drittens braucht es die Einbettung der Konsententscheidung in eine Kultur der Konsententscheidungen.

Wir können das Entscheidungsprinzip im Rollenspiel üben, womit wir also zurück beim Thema des Kapitels sind. Nennen wir unser Spiel *Brot & Butter*, wir wollen ja einen Entscheidungsfindungsprozess üben, der im wirtschaftlichen Feld liegt, also auf einen Vertrag abzielt, also in einer Assoziation stattfindet, womit auch klar ist, dass wir es mit Produzenten, Konsumenten und den für die Zirkulation der Waren Verantwortlichen zu tun haben. Die gemeinsame übergeordnete Zielsetzung der *Assoziation Brot & Butter*: Versorgung der Konsumenten mit nachhaltig produzierten, qualitativ hochwertigen und leckeren Lebensmitteln aller Art zu fairen Preisen & Versorgung der Produzenten sowie der für die Warenzirkulation Verantwortlichen mit einem ihren Bedürfnissen entsprechenden Einkommen, unter möglichst verlustfreier Ausnutzung ihrer Kapazitäten. Dazu eine Anmerkung: Diese Zielsetzung ist wie zwei Seiten der gleichen Medaille, nur die Hälfte davon – die Versorgung der Konsumenten z. B. – liegt also ab vom Ziel, denn auch die effektive Nutzung der Kapazitäten von Produzent und dem für die Zirkulation Verantwortlichen – also z. B., dass der LKW nicht regelmäßig nur viertelbeladen auf Tour gehen muss – ist fester Bestandteil des gemeinsamen Ziels. Der Egoismus der Konsumenten, einfach gut versorgt zu sein ohne Rücksicht auf die Produktions- und Zirkulationsbedingungen, erfüllt das Ziel demnach nicht. Das ist so wie früher in der Schule bei den Klammeraufgaben, irgendwann kommt man an den Punkt, wo keine weitere Ausklammerung möglich ist. Was dann da zusammen in der Klammer steht, steht da zusammen in der Klammer und lässt sich nicht trennen.

Nun brauchen Sie so viel Lose wie Mitspieler: einen Gärtner, einen für die Warenzirkulation Verantwortlichen, sowie einen Moderator, der Rest Konsumenten.

Die Konsumenten haben es nicht schwer, sie sind einfach, wer sie sind, spielen sich selbst, nur sind sie jetzt halt Mitglieder der Initiative für solidarische Landwirtschaft *Brot & Butter*. Der Gärtner und der für die Warenzirkulation Verantwortliche brauchen etwas Phantasie. Sie sind auch, wer sie sind, spielen also auch sich selbst, haben jetzt allerdings ihre neuen Berufe Gärtner und Warenzirkulator. Dabei hat es der Zirkulator etwas schwerer, denn er hat einen vollständig neuen Beruf, den es noch nicht gibt, weswegen ich im ganzen Buch den Ausdruck »Händler« vermieden habe. Er vermittelt zwischen Produzent und Konsumenten, trägt Sorge, dass in der richtigen Menge produziert wird und an den Ort kommt, wo es gebraucht wird, also Bedürfnisse erfüllt. Wie das genau geht, und was dabei alles zu bedenken ist, muss er selbst rausfinden. Bitte nur nicht so verstehen, als ob nicht alle drei Parteien gemeinsam im Gespräch sein könnten, es ist hier eine Vollversammlung der Assoziation, es sitzen also alle Funktionen gleichzeitig am Tisch und sprechen miteinander. Kleiner Tipp: Die große Falle für den Warenzirkulator ist, sich auf die eine oder andere Seite zu schlagen, das also möglichst vermeiden. Vielmehr geht es für ihn darum, die ganz eigenen Gesichtspunkte zu vertreten, die sich daraus ergeben, dass die produzierten Waren ja so frisch wie möglich an den Ort kommen sollen, wo sie Bedürfnisse erfüllen können. Denn das tun sie ja nicht, solange sie im Fertigprodukte-Lager des Produzenten liegen.

Der Moderator hat es auch nicht so schwer, wenn man außer Acht lässt, dass er in seiner Rolle ganz davon absehen muss, zur Sache selbst eine Meinung zu haben, da er »nur« den Prozess leitet. Am leichtesten ist es für ihn, wenn er sich nicht als Mitglied von *Brot & Butter* ansieht, sondern als externe Hilfestellung. Da es uns ja vor allem darum geht, den Prozess kennen zu lernen und zu üben, ist das auch völlig legitim. Sieht er sich jedoch auch als Teil der SoLaWi, muss er, wenn er spricht, strikt unterscheiden, ob er sich in der Rolle des Moderators oder als Mitglied äußert.

Für die Besprechung gelten folgende Regeln, die ich Sie dringend bitte <u>genau so</u> auszuprobieren. Weil wir eine ganz andere Gesprächskultur gewöhnt sind, fühlt sich das wahrscheinlich erstmal etwas merkwürdig an. Aber es geht hier ja nur um einen Aspekt unseres Lebens, die Bildung eines Kollektivurteils, es ist also nicht gemeint diese Gesprächskultur beliebig auf das ganze Leben zu übertragen. Die Regeln:

1: Präsentation der Problemstellung durch den Moderator

2: Verständnisrunde: Es werden konsequent im Kreis herum ausschließlich Fragen zur Problemstellung vorgetragen bzw. ergänzende Informationen geteilt. Eine einmal aufgeworfene Frage und geäußerte Zusatzinfo ist im Raum, sie wird nicht von jemand anders, der sie vielleicht auch hat, wiederholt. Die Verständnisrunde wird so lange wiederholt, bis keine Wortmeldung mehr übrig ist. Kommt einem, nachdem man bereits geschwiegen hatte, etwas (das sich auf die Sache bezieht, also nicht etwas, das durch gedankliches Abschweifen auftaucht) in den Sinn, darf es natürlich geäußert werden. Wer eine Sachantwort auf eine gestellte Frage hat, trägt sie unmittelbar auf die Frage antwortend bei. Das ist Ihre große Chance, lassen Sie ihrer Phantasie freien Lauf! Sie bilden ja nicht eine Realsituation ab, sondern spielen! Also genießen Sie es, ganz spontan Antworten zu den aufgeworfenen Fragen zu geben, sie gestalten damit ihr Spiel, mit der Zeit entsteht ein Bild ih-

rer Situation als SoLaWi. Gleiches gilt übrigens für das Fragen-
stellen, der Phantasie freien Lauf lassen, hier haben Sie die
Gelegenheit, mit Ihren Fragen Spieltatsachen zu schaffen!

3: Meinungsrunde: Auch hier – wie übrigens immer – gilt, dass
konsequent im Kreis gesprochen wird, kein Hin-und-Her und
ebenso: eine einmal geäußerte Meinung ist im Raum und wird
nicht wiederholt. Ist eine Runde durch und es besteht weiterer Bedarf Meinungen zu äußern, gibt es eine nächste Runde
und so weiter, solange ein Bedürfnis der Meinungsäußerung
(zur Sache) besteht. Ebenso wie bei den Fragen darf auch hier,
nachdem geschwiegen wurde, das Wort zu gegebener Zeit
wieder ergriffen werden. Und selbstverständlich ist es sowohl
möglich, seine Meinung im Gesprächsverlauf anzupassen,
also von anderen geäußerte Aspekte aufzugreifen, als auch
neue Gesichtspunkte, beizutragen. Das ist insbesondere interessant und hilfreich, wenn sich abzeichnet, dass es schwerwiegende Meinungsunterschiede gibt.

4: Beschlussvorlage: Die Moderation formuliert eine Beschlussvorlage – darin kann sie die ganze Gruppe einbeziehen – und
trägt sie vor. Beachte: Um lebenstauglich zu sein, muss die
Vorlage alle W-Fragen (wer? was? wann? wo? wie? usw.) beantworten. Bitte seien Sie an dieser Stelle nicht schlampig. Weil
sie ja »nur« spielen und ihnen darum die Korrektur durch das
Leben im weiteren Zeitverlauf fehlt, werden Sie es nicht bemerken, wenn Sie hier eine Antwort auf eine W-Frage aus-
lassen. Gleichzeitig wird die Spielsituation dadurch aber be-
deutungslos und langweilig. Darum die Bitte an dieser Stelle
besonders aufmerksam zu sein und ein wenig kritisch zu
überprüfen, ob ihr Konsent tatsächlich zum Leben beitragen
würde, oder eigentlich unfruchtbar ist, weil er gar keine wirkliche Antwort gibt.

5: Beschlussrunde: Wie zuvor geht es streng im Kreis, wobei
es nie eine Rolle spielt, wer beginnt. Die Möglichkeiten, die
zum Ausdruck gebracht werden können, sind: Zustimmung,
Bedenken (d.h. die Lösung scheint mir nicht die Beste, die

wir finden könnten, aber sie liegt für mich im Toleranzbereich, ist sicher und gut genug, um sie auszuprobieren), schwerwiegender begründeter Einwand (d. h. ich kann nicht mitgehen, weil ich einen schwerwiegenden Einwand habe, den ich wie folgt aus unserem gemeinsamen Ziel begründe...). Gibt es in der Beschlussrunde keinen schwerwiegenden begründeten Einwand, ist eine Entscheidung getroffen. Gibt es einen, springt die Versammlung zur Integration des Einwands zurück zu Spielrunde 2 und es geht von dort aus in gleicher Art weiter. Das Ziel dabei ist, den schwerwiegenden begründeten Einwand als Geschenk zu sehen, das hilft, einen gravierenden Fehler zu vermeiden und nach mehr Kreativität für eine noch bessere Lösung ruft. Ist der schwerwiegende begründete Einwand nicht zu integrieren, muss vom Projekt Abstand genommen werden.

Wenn die Moderation – oder jemand anders – denkt, einen konstruktiven Vorschlag machen zu können, kann sie die Beschlussvorlage direkt anpassen und Spielrunde 2 beginnt mit der überarbeiteten Beschlussvorlage. [44]

Das Ganze als Spickzettel für den Moderator, dessen Aufgabe es ja ist den Prozess zu hüten:

- Immer konsequent im Kreis, es spielt keine Rolle, wer beginnt.
- Wer dran ist, darf seine Aspekte nennen. Es ist möglich, für eine Runde auszusetzen und bei der nächsten Runde wieder zu sprechen. (Aspekte: Verständnis, Meinung,

....

44 Die Einführung in das Konsentmodell ist von mir notgedrungen sehr knapp gehalten. Bitte bilden Sie sich darum keine abschließende Meinung anhand meiner Darstellung. Das wäre auch darum unfair, weil der Konsent eines von vier Grundelementen ist, die im Modell der Soziokratie zusammenwirken. Ein guter Startpunkt, um ein umfassendes Bild zu gewinnen, ist die Website www.soziokratie.org von Christian Rüther. Sein kleines Einführungsvideo auf Youtube www.youtube.com/watch?v=WOnA0kgXRlc oder das von *Sociocracy For All* vermitteln einen ersten Eindruck: www.youtube.com/watch?v=u3JJotOJ7kI. Die Spielidee *Brot & Butter* ist vom sog. WG-Spiel inspiriert, wie es Chr. Rüther auf seiner Website beschreibt.

Entscheidung mit den Möglichkeiten Zustimmung, Bedenken, schwerwiegender begründeter Einwand).

- Es geht mit jedem Aspekt solange rund, bis sich niemand mehr zu Wort meldet.
- Rundenfolge: Verständnisrunde, Meinungsrunde, Beschlussrunde.
- Die Beschlussvorlage muss alle W-Fragen (wer? was? wann? wo? wie? usw.) beantworten.

Um Ihnen ein wenig Startfutter zu geben: Ihre *Assoziation Brot & Butter* hat 311 Mitglieder und ist ortsansässig da, wo Sie sich grade befinden. Sind Sie in einer Großstadt, liegen Ihre landwirtschaftlichen Flächen 50 Kilometer vor der Stadtgrenze, sind Sie in einer Kleinstadt, liegen sie gleich jenseits der Stadtgrenze, auf dem Dorf gehören sie zu diesem. Die Fläche ist so groß, dass ca. ein Viertel von ihr bisher ungenutzt ist. Dieses ungenutzte Viertel ist derzeit zur kostenfreien Nutzung einem Feld-Wald-und-Wiesen-Kindergarten als Standort für seinen Schlechtwetter-Bauwagen überlassen.

Dann gebe ich Ihnen zu guter Letzt noch beispielhaft drei mögliche Fragestellungen.

Fragestellung 1: Sind wir mit unserer Zielsetzung von *Brot & Butter* »Versorgung der Konsumenten mit nachhaltig produzierten, qualitativ hochwertigen und leckeren Lebensmitteln aller Art zu fairen Preisen & Versorgung der Produzenten sowie der für die Zirkulation Verantwortlichen mit einem ihren Bedürfnissen entsprechenden Einkommen unter möglichst verlustfreier Ausnutzung ihrer Kapazitäten« zufrieden, oder soll sie dahingehend angepasst werden, dass Einkäufe bei externen Großhändlern (weltweit) hinzugenommen werden?

Fragestellung 2: Sollen wir Orangen in unser Sortiment aufnehmen?

Fragestellung 3: Sollen wir uns mit der *Assoziation Kraut & Rüben* – die wörtlich die gleiche Zielsetzung hat wie wir und 153 Mitglieder – zusammenschließen?

Wenn Sie selber Problemstellungen formulieren wollen, achten Sie bitte darauf, dass es Grundsatzfragen sind, also keine rein operativen Entscheidungen. Prinzipiell wäre es möglich, auch diese in den Besprechungsprozess zu geben, führt aber zu entweder langweiligen oder überkomplexen Spielsituationen.

Also dann, halten Sie sich an die Regeln, nehmen das Ganze aber spielerisch und würzen Sie es mit reichlich Humor und viel Phantasie! Viel Spaß!

PS: Falls ihr Spiel zu harmonisch abläuft – was ja heißen würde, Sie verpassen eine Lern- und Übchance –, lost der Moderator bitte einen Mitspieler aus. Dieser hat dann die Aufgabe, sich einen schönen schweren Einwand auszudenken und zu vertreten. Das kann er natürlich dadurch unterstützen, dass er bei den Sachantworten drastische Eckpfosten einschlägt.

Demokratisches Urteil

Das reine, sauber herausgearbeitete demokratische Prinzip, wie es uns jetzt bewusst ist, da wir die Prinzipien des individuellen und des Kollektivurteils abgegrenzt haben, ist aus sich heraus so durchsichtig, dass es nichts daran zu üben gibt. Man kann sich über den Wahlmodus verständigen, also ob die Hälfte plus eins oder doch die Zweidrittelmehrheit ausschlaggebend sein soll, ob es möglich ist, sich zu enthalten oder ob die Stimme abgegeben werden muss. Wohingegen die Einführung eines Vetorechtes, wie wir schon gesehen haben, das demokratische Prinzip sprengen würde, da es in sich selbst das Prinzip einer Stimmenungleichheit ist. Die Vetostimme ist quantitativ zwar nur eine Stimme, in ihrer Qualität aber so anders als alle andern, dass von Stimmengleichheit nicht mehr gesprochen werden kann. Man kann Äpfel und Orangen nicht zusammenzählen. Das kommt ja auch schon im Ausdruck Veto*recht* zum Vorschein. Ein Veto einlegen zu können ist ein zusätzliches Recht, also etwas ganz anderes, als die Abgabe einer Stimme neben vielen. All diese Erwägungen sind aber ein Vorgang im Feld der Einsicht, es muss darüber beraten werden, sie haben also mit einem Üben des Abstimmungsprinzips nichts zu tun.

Der springende Punkt für das demokratische Urteil und der, der sich auch üben lässt, ist aus meiner Sicht die Frage der Anwendung des Abstimmungsprinzips auf Fragen, die es beantworten kann. Also ganz unmittelbar zu bemerken, wenn es auf etwas angewendet wird, an dem es scheitern muss. Die Übung lautet darum ganz einfach »Bemerke, wenn Lebensgefahr im Verzug ist!«, in Kurzform:

Demokratisches Urteil ☝ Schöpfung und Beratung
Demokratisches Urteil ☝ Vertrag

Wenn diese Konstellationen auftreten, müssen ohne Verzögerung die inneren Warnglocken wie verrückt schrillen. In der U-Bahn auf dem Weg zur Arbeit oder beim Spaziergang kann man sich innerlich dieser Frage widmen und sich diesbezüglich mit Beispielen beschäftigen.

Größere Übung: Es besteht die Möglichkeit, sowohl in der Familie, wie auch im Freundeskreis oder am Arbeitsplatz, dass es Situationen gibt, in denen es um abstrakte auf Eventualität gerichtete Übereinkommen geht, die getroffen werden sollen. Der erste Schritt ist dann das in Aussicht genommene Übereinkommen sauber zu formulieren. Das ist die absolute Voraussetzung dafür, dass die demokratische Urteilsfindung durchgeführt werden kann. Zuvor muss dann, wie gesagt, über den Wahlmodus entschieden werden.

Szene 3 Klappe 1 und ab!

Jede Urteilsart scheitert notwendig an bestimmten Fragestellungen. Wenn wir vermeiden falsche Beziehungen herzustellen, sind wir aus dem Schneider. Nachfolgend eine abstrakte Übersicht aller möglichen Negativfälle. Es ist sehr viel gewonnen, wenn gewohnheitsmäßig die inneren Warnglocken schrillen, sobald eine dieser Beziehungen hergestellt wird. Es gibt einem außerdem die Möglichkeit, Großmut und Gelassenheit gegenüber seinen Mitmenschen zu üben, die das anrückende Desaster nicht ahnen – weil sie bisher nicht die Chance hatten die entsprechenden Begriffe zu bilden – und darum mutig weiter voran stürmen, gerade auf den Abgrund zu.

Das Problem liegt ja darin, dass wir es mit qualitativ ganz unterschiedlichen Fragen zu tun haben, die im echten Leben natürlich in sich überlagernden Ebenen liegen. So gesehen ist für unsere Gegenwart nicht die Frage, ob der eine oder andere Aspekt irgendwie auch im Raum ist, sondern auf welche Tiefenschärfe wir mit unserer Aufmerksamkeit fokussieren. Sie haben das im Film bestimmt schon gesehen: die Kamera kann auf das Porträt im Vordergrund scharf stellen, dann erscheint die skandinavische Landschaft im Hintergrund verschwommen. Oder das Porträt ist unscharf, erscheint ganz sanft, und die Landschaft im Hintergrund ist kristallklar. Vielleicht zoomt die Kamera dann noch in einen mittleren Bereich und der grade schwungvoll in den Bach eintauchende Eisvogel wird im Bild scharf – und schon haben Sie eine Geschichte. Dazu sind aber drei ganz unterschiedliche Bilder nötig. Wir lernen daraus: es ist immer gut, uns darüber im Klaren zu sein, worauf wir grade scharf stellen.

Kurz:
* Einsichtsurteile greifen bei zwei Arten von Fragen zu kurz, zum einen bei Fragen, die unser Rechtsempfinden berühren (Gesetze), zum andern bei Fragen, die auf ein gemeinsames Handeln abzielen (Verträge).
* Konsententscheidungen scheitern an zwei Arten von Fragen, zum einen an Fragen, die Teil eines kreativen oder eines Erkenntnisprozesses sind (Schöpfungen und Beratungen), zum andern an Fragen, die unser Rechtsgefühl aufwirft (Gesetze).
* Mehrheitsentscheidungen können bei zwei Arten von Fragen nicht weiter helfen, zum einen bei Fragen, für die Sachkenntnis, Fachwissen und Erfahrung nötig sind (Verträge), zum andern bei Fragen in kreativen und Erkenntnisprozessen (Schöpfungen und Beratungen).

Das Gleiche kürzer:

* Einsicht scheitert an Fragen des Rechtsempfindens (Gesetze), scheitert an Fragen der Sachkenntnis, des Fachwissens und der Erfahrung (Verträge).
* Konsentfindung scheitert an Fragen der Erkenntnis und Kreativität (Schöpfungen und Beratungen), scheitert an Fragen des Rechtsempfindens (Gesetze).
* Abstimmen scheitert an Fragen der Sachkenntnis, des Fachwissens und der Erfahrung (Verträge), scheitert an Fragen der Erkenntnis und Kreativität (Schöpfungen und Beratungen).

Ganz kurz:

Individuelles Urteil ♦※ Gesetz oder Vertrag
Kollektivurteil ♦※ Schöpfung und Beratung oder Gesetz
Demokratisches Urteil ♦※ Vertrag oder Schöpfung und Beratung

Bonustrack

Das eigentliche Thema unseres Buches ist abgeschlossen. Wenn Sie genug haben, können Sie es hier zuklappen. Wenn Sie möchten, würde ich mit Ihnen jedoch gern noch einen kurzen erkenntnistheoretischen – aber weder abstrakten noch langweiligen – Rückblick wagen.

Die Henne und das Ei

> *»Begriff ist Summe, Idee Resultat der Erfahrung; jene zu ziehen, wird Verstand, diese zu erfassen, Vernunft erfordert.«*
>
> Johann Wolfgang von Goethe[45]

Mit der Betonung auf der Urteilsfähigkeit sind wir mit unseren Betrachtungen zur Idee der sozialen Dreigliederung einen stark denkerischen Weg gegangen.

Die lineare Logik der geraden Ursache-Wirkung-Verknüpfung, die meist unser gewöhnliches Denkmuster ist, geht ohne Rest jedoch nur für den materiell-technischen Raum auf. Ein Auto können wir vollständig nach unseren physikalisch-mathematischen Gesetzen, wie wir sie heutzutage alle in der Schule lernen, erklären. Aber schon, wenn wir versuchen Lebendiges zu verstehen, bleibt ein unauflösbarer Rest. Leben lässt sich nicht nach der linearen Logik von Ursache und Wirkung erklären. Das Soziale auch nicht. Leider haben wir uns daran gewöhnt, an dieser Stelle mit Annahmen, Theorien zufrieden zu sein. Was wir nicht bemerken ist, dass wir

....

45 *Goethe, Johann Wolfgang von*: Naturwissenschaftliche Schriften, Fünfter Band, Sprüche in Prosa (Faksimile der Erstausgabe von 1897, Rudolf Steiner Verlag 1982), S. 379

die Wahrnehmung dabei über Bord werfen. Eben genau dadurch, dass wir an ihre Stelle eine Theorie setzen. Haben wir das einmal vollzogen, sind wir aber zu keiner Erkenntnis fähig, weil wir der einen Komponente, derer wir für einen Erkenntnisprozess bedürfen, verlustig gegangen sind: das sachgemäße Zusammenführen, also Verknüpfen von Wahrnehmung und Begriff führt uns zur Erkenntnis, wir schaffen damit Wahrheit. Und mit der Wahrheit schaffen wir Wirklichkeit.[46]

Jeder kennt die Frage: Ist das vor uns stehende halbgefüllte Glas halb voll oder halb leer? Je nachdem, wie meine Antwort darauf ausfällt, sieht die Welt für mich ganz anders aus und fühlt sich auch ganz anders an. Rein materiell gesprochen sind immer 100ml im 200ml-Glas. Das ist aber nur die unterste Ebene der Betrachtung und wir als Menschen reichen deutlich über diese hinaus. Alle Antworten auf dieser untersten Ebene greifen zu kurz, sofern die Ausgangsfrage in einer komplexeren Ebene liegt. Darum greift auch ein Denken, das sich grundsätzlich nur im linear-logischen Rahmen von Ursache und Wirkung bewegen will oft zu kurz. Anders herum brauchen wir diese Ebene, um unser Denken zu schulen, um sicher zu sein, dass unser Denken *unser* Denken ist und nach *seinen* Gesetzen verläuft. Denn ein anderes Merkmal des Denkens ist, dass wir uns alles Mögliche vorstellen können, den berühmten rosa Elefanten im Handstand zum Beispiel. Die Tatsache allein, dass etwas denkbar ist, sagt also nichts über den damit erfassten Wirklichkeitsgehalt. Den Wirklichkeitsgehalt einer Sache können wir nur an der Art des Zusammenkommens von Wahrnehmung und Begriff be-

46 Ausführlich siehe *Steiner, Rudolf*: Wahrheit und Wissenschaft. Vorspiel einer »Philosophie der Freiheit« (Rudolf Steiner Verlag 1980, Erstausgabe 1892) und *Steiner, Rudolf*: Grundlinien einer Erkenntnistheorie der Goetheschen Weltanschauung mit besonderer Rücksicht auf Schiller (Rudolf Steiner Verlag 1979, Erstausgabe 1886) sowie ganz ausführlich *Steiner, Rudolf*: Die Philosophie der Freiheit. Grundzüge einer modernen Weltanschauung. Seelische Beobachtungsresultate nach naturwissenschaftlicher Methode (Rudolf Steiner Verlag 1987, Erstausgabe 1894)

stimmen. Und dazu muss man sich einmal die Ohnmacht der eigenen Begriffe vor Augen geführt haben. Das kann z. B. an der Idee, dass unser Herz eine Pumpe sei, geschehen. Unser Schulwissen sagt: unser Herz ist eine Pumpe, drückt unser Blut von sich weg durch die Blutgefäße im Kreis, von der linken Herzkammer heraus, bis es zum rechten Vorhof wieder einströmt. Zugleich wissen wir aber, dass die Blutgefäße, je weiter sie vom Herz entfernt liegen, umso dünner werden, Stecknadeldurchmesser, Haardurchmesser, bis sie allerfeinste Kapillaren sind. Das heißt aber, der Strömungswiderstand nimmt zu. Wenn man das berechnet, ist ganz klar: das Herz kann keine Pumpe sein, es ist ausgeschlossen! Wenn es eine wäre, würden wir uns mit dem ersten Herzschlag selbst zum Explodieren bringen! Mit dem Begriff »mein Herz ist eine Pumpe« bin ich völlig machtlos, greife ins Leere.

Wie unser Herz dann zu verstehen wäre, lassen wir hier offen. Es ist ein Moment der Übung 1 von *Kapitel 9, Übung macht den Meister*. Diese Gedankenohnmacht ist unangenehm. Ein Erlebnis von ihr zu gewinnen ist aber nötig, wenn wir nicht in Romantik verfallen wollen und einfach sagen: zurück zur Natur, dann wird schon alles gut. Es wird nicht alles von selbst gut. Es wird nur gut, wenn wir bis zu dieser Grenze des Denkens vordringen und uns klar machen, dass wir oft mit Begriffen hantieren, die gar keine Wirklichkeit erfassen. Das ist bitter.

Wir haben diesen Moment in unseren Betrachtungen zur sozialen Dreigliederung u. a. dort berührt, wo ich darauf hinwies, dass wir Wort von Begriff unterscheiden müssen, dass wir mit Worten immer nur darauf hinweisen können, dass wir Begriffe haben. Begriffe selbst sind ihrem Wesen nach unaussprechlich.

Ein besseres Bild von dem, was im Erkenntnisprozess vorgeht, bekommen wir, wenn wir uns das obige Zitat von Goethe genauer ansehen. Er weist uns damit darauf hin, dass unsere geistigen Fähigkeiten eine Doppelgeste in sich tragen. Zum einen können wir Dinge verstehen. Dazu müssen wir die Objekte unserer Betrachtung zergliedern, in einzelne Elemente auseinander legen. So hat alles von uns Begriffene zunächst immer die Eigenart, dass es auch ein Zergliedertes, Auseinandergenommenes ist. Was begriffen ist, ist aber nicht erkannt. Es ist eben nur begriffen. Wiewohl der Prozess des Begreifens aus sich selbst heraus dazu verleitet, mit seinem Vollzug auch das Ende des Erkenntnisprozesses zu sehen. Schließlich geht das Zergliedern nur bis zu einer gewissen Grenze, dort findet es sein natürliches Ende.

Um weiter zu gehen, muss man schon das Glück haben, einem Geist wie Goethe zu begegnen, der wusste, dass Verstehen nur die halbe Wahrheit gibt. Und Halbwahrheiten sind ihrer Natur nach immer gefährlich, weil sie als solche nicht zu demaskieren sind, wenn nicht bekannt ist, dass der Prozess der vernünftigen Betrachtung zum Verstehen hinzutreten muss, um zum Ganzen durchzudringen.

Der Prozess der vernünftigen Betrachtung ist in seiner Geste das Gegenteil des Verständnisprozesses: Er fügt das aus dem Zergliedern Hervorgegangene wieder zu einem Ganzen zusammen. Es ist ein integrierender Vorgang, durch den Ideen – im Gegensatz zu Begriffen, um Goethes Wortwahl aufzugreifen – erfasst werden.

Wir können mit Verstehen für die rein materielle Welt und ihre Vorgänge ziemlich weit kommen. Aber schon, wenn wir die Idee des Lebens erfassen wollen, scheitern wir. Dafür müssen wir über den Prozess des Verstehens hinausgehen, brauchen weitere Aktivität, um zu einer Erkenntnis vorzudringen, müssen eben zur vernünftigen Betrachtung fortschreiten.

Um es an einem Beispiel deutlich zu machen: Haben Sie sich schon mal gefragt, was zuerst da war, die Henne oder das Ei? Die Kokosnuss oder die Kokospalme? Sie bilden jeweils zusammen einen in sich geschlossenen Kreislauf des Lebens, dem wir ohne hypothetische Annahmen nicht näher kommen können. Weil wir Hypothesen aber nicht für ein Mittel der Erkenntnis halten, wie wir oben gesehen haben (auch wenn das heutzutage üblich ist), wollen wir sie nicht anwenden. Was also dann? Wie können wir die Frage nach der Henne und dem Ei dann beantworten? Nun, wir können bemerken, dass Henne und Ei zwei Erscheinungsformen des gleichen *Wesens* sind. Um zu dieser Einsicht zu kommen, müssen wir allerdings über das Verstehen hinausgehen und uns zur vernünftigen Betrachtung, die die Kraft der Integration in sich trägt, erheben.

Die lineare Logik, unser Verstehen nach dem linearen Prinzip von Ursache und Wirkung, ist das letzte Glied der Natur. Unsere Vernunftfähigkeit weist über die Natur hinaus. Sie ist eine integrierende Kraft, die so großartige Ereignisse möglich macht wie den Willen, »das denkende Herz der Baracke sein zu wollen«, wie es Etty Hillesum, eine niederländische Jüdin im Deportationslager Westerbork für sich formuliert hat.[47]

Durch die Kraft der Integration ist uns der Weg der Vernunft, der uns über uns selbst hinauswachsen lässt in eine wirkliche menschliche Begegnung, die ein soziales Zusammensein ermöglicht, gegeben. Es ist letztlich unsere Vernunftfähigkeit, die die Spannung zwischen Individuum und Gemeinschaft auflösen kann. Sie kann sie nicht wegzaubern, aber sie kann die Spannung so auflösen, dass wir in Frieden miteinander leben können, aus beiden Aspekten das Positive ziehen und wachsen können.

Der Schritt in die Vernunft hinein erfolgt niemals »von selbst«, sondern immer aus unserer Initiative, unserer ureigensten Aktivität heraus und ist immer ein Schritt über uns selbst hinaus. Insofern wir dieses Potenzial in uns tragen, sind wir der, den Novalis in seinen Hymnen an die Nacht »den herrlichen Fremdling mit den sinnvollen Augen, dem schwebenden Gange und den zartgeschlossenen, tonreichen Lippen« nennt.[48]

47 *Hillesum, Etty*: Das denkende Herz. Die Tagebücher von Etty Hillesum 1941–1943 (rororo 1985)
48 *Novalis*: Novalis' Werke (Weltbild Verlag 2001), S. 39

Die Mühe der letzten kurzen Betrachtungen war mir darum noch ein Anliegen, weil diese der erste Ansatz zu einer Antwort sind, die wir auf das Konzept der kognitiven Kriegsführung haben.[49] Aber hier würde ein neues Buch beginnen.

---

49 *Tögel, Jonas*: Kognitive Kriegsführung. Neueste Manipulationstechniken als Waffengattung der NATO (Westend 2023). Sowie einführend ein Interview des Südwestrundfunks mit Hr. Tögel als Videoaufzeichnung https://www.ardmediathek.de/video/swr1-leute/dr-jonas-toegel-oder-propagandaforscher-oder-das-ist-kognitive-kriegsfuehrung/swr/Y3JpZDovL3N3ci5kZS9-ZXgvbzE5MDUwMzg

Nachwort

Liebe Leser,

ich danke Ihnen, dass Sie mich bis hierhin begleitet haben.
Meinem Eindruck nach haben wir manche sonnige Stunde
zusammen genossen. Aber ich bin mir auch im Klaren darüber, dass Sie bereit waren, ungeschützt eine ganze Reihe Stürme an meiner Seite durchzustehen, Blitz und Donner gleichzeitig über sich ergehen zu lassen und nicht davonzurennen,
um lieber Unterschlupf zu suchen.

Wie Sie jetzt wissen, glaube ich nicht, dass wir einmal für
alle Male essen können. So können wir unsere Gesellschaft
als Ganzes auch nicht so einrichten, dass alles einmal für alle
Zeit geregelt ist. Leben in seinen Prozessen ist immer widersprüchlich in sich. Wir wollen nicht darauf verzichten zu
essen; wiewohl es in dem Moment, in dem wir satt sind ekelerregend wird. Was zu einer Zeit unentbehrlich und gut ist,
erreicht ein Maximum und wird widerlich, wenn nicht der
Gegenprozess zum Zug kommt. Deswegen aber war es zu seiner Zeit doch richtig.

Wir müssen also die Einrichtungen in unserer Gesellschaft
so treffen, dass sie in gesunder Weise beweglich sind. Und
das heißt in erster Linie, dass wir beweglich sein müssen, bereit, uns von verschiedenen Seiten her zu orientieren und
uns dann angesichts der verschiedenen Fragestellungen wirklich zu begegnen, uns füreinander zu interessieren.

Rückblickend können wir erkennen, dass der eigentliche
demokratische Impuls, den wir in unserer Gesellschaft erleben, nämlich beteiligt zu sein und nicht nur ein Rädchen im
großen Getriebe, größer ist als das Mittel – das Prinzip der
Abstimmung – , auf das er sich bislang allein stützt.

Wo es angemessen ist, sind wir aufgerufen, Übereinstimmung zu erkennen und für uns sicher zu stehen, unabhängig davon, ob wir alleine stehen (individuelles Urteil). Wo es angemessen ist, sind wir aufgerufen unsere Zustimmung zu geben oder eben sie zurückzuhalten, weil wir aus unserer Perspektive einen aus dem gemeinsamen Ziel begründeten schweren Einwand sehen (Kollektivurteil). Wo es angemessen ist, sind wir aufgerufen unsere Stimme abzugeben und so unser Gemeinwesen in der Form eines freiheitlichen Rechtsstaates zu konstituieren (demokratisches Urteil). Wenn wir das beherzigen, können wir unsere Demokratie verteidigen, indem wir sie weiterentwickeln.

Um einen Knopf an die Sache zu machen: Auch wenn wir uns zum Teil sehr mit der Frage nach äußeren Einrichtungen beschäftigt haben, der Frage, wie unsere Gesellschaft äußerlich beschaffen sein muss, um unser Zusammenleben friedlich zu gestalten, haben wir gesehen, dass der Wendepunkt nicht dort liegt. Der Wendepunkt liegt in uns: in der Beobachtung, dass wir ein Bewusstsein haben, mit dem wir uns von drei Seiten her orientieren können und uns dementsprechend verhalten, wenn wir unserem Verstehen die vernünftige Betrachtung an die Seite stellen.

In diesem Sinn will die Idee der sozialen Dreigliederung, wie schon eingangs gesagt, keine erschöpfende Antwort geben. Sie will viel mehr auf Urgedanken hinweisen. Mein Buch soll ein Debattenbeitrag sein, der zur Ideenbildung jenseits ausgetretener Denkmuster beiträgt. Ida Rolf hat einmal gesagt »If we start from grandpa's premises, we get to grandpa's conclusions« – »Wenn wir von Großvaters Prämissen ausgehen, kommen wir zu Großvaters Schlüssen«.[50] Ich glaube, es wird höchste Zeit, dass wir wirklich neue Ausgangspunkte, die über unseren geläufigen Horizont und unsere hergebrachten Rahmenbedingungen hinausgehen, wählen und geländerfreies Denken wagen. Alles weitere ist dann eine Frage der Wege, die durch Begehen entstehen, was nur gemeinsam geht.

---

50 Mündliche Überlieferung durch ihren Schüler Thomas Myers.

»Wird eine Zeit ideenarm, so schwindet aus dieser Zeit der Frieden«, hat R. Steiner[51] gesagt. In diesem Sinn soll dieses Buch ein Beitrag zur Friedensbewegung sein, neue Ideen in eine ideenarm gewordene Zeit tragen.

Bis bald, in der Debatte, gespannt auf das, was Sie zu sagen haben!
Bis dahin, alles Gute!

Patric I. Vogt

---

51 *Steiner, Rudolf*: Entwicklungsgeschichtliche Unterlagen zur Bildung eines sozialen Urteils (Rudolf Steiner Verlag 1963, acht Vorträge, gehalten in Dornach 9. bis 24. November 1918) S. 212

Anhang

Mit diesem Kapitel möchte ich eine Reihe Ressourcen zur Verfügung stellen. Sie gehen alle darauf aus, Anknüpfungspunkte für eine Vertiefung des Verständnisses oder den Alltag zu schaffen: Wege entstehen dadurch, dass wir sie gehen.

Spickzettel

Vorneweg vier Spickzettel. Die Idee dabei ist, sie kopieren zu können und mit sich rumzutragen. So sind sie z. B. bei einer Arbeitsbesprechung verfügbar, und machen es leicht, sich an die gewonnen Einsichten zu erinnern. Kurz und gut also, das Beobachten und Denken in den durch das Lesen dieses Buches erschlossenen neuen Bahnen leichter zu üben.

Spickzettel zum Erfolg

Das individuelle Urteil zielt auf Schöpfungen und Beratungen zu diesen, es ist ein individueller kreativer oder Erkenntnisprozess. Durch ihn kommt der Gesellschaft ständige Verjüngung zu. Es ist seiner eigenen Art nach nicht territorial gebunden.

Das Kollektivurteil zielt auf Verträge, diese haben konkrete Leistung und Gegenleistung sowie den Zeitpunkt ihrer Erfüllung zum Inhalt. Sie gelten für die Gruppe der Beteiligten, diese erkennen sich darin in ihren Bedürfnissen an und schaffen damit Frieden. Sie haben einen offenen territorialen Bezug.

Das demokratische Urteil zielt auf Gesetze, diese sind immer in abstrakter Weise auf Eventualität ausgerichtet, sie sprechen uns als Gleiche unter Gleichen an, wir setzen damit die Rahmenbedingungen unserer Gesellschaft als Ganzes. Sie machen die Menschenwürde unantastbar, sind eindeutig ter-

ritorial bezogen und bindend für alle, die sich im betreffen-
den Territorium aufhalten.

Spickzettel anstrebbare soziale Matrizen

Beratung mittels Einsicht
Vertrag mittels Konsent
Gesetz mittels Abstimmung

Spickzettel für's Scheitern

Einsicht scheitert an Fragen des Rechtsempfindens, scheitert
an Fragen der Sachkenntnis und der Erfahrung.

Konsentieren scheitert an Fragen der Erkenntnis und Kreativität, scheitert an Fragen des Rechtsempfindens.

Abstimmen scheitert an Fragen der Erkenntnis und Kreativität, scheitert an Fragen der Sachkenntnis und der Erfahrung.

Spickzettel Warnglockenschrillen

Individuelles Urteil ☙* Gesetz oder Vertrag

Kollektivurteil ☙* Schöpfung und Beratung oder Gesetz

Demokratisches Urteil ☙* Vertrag oder Schöpfung und
Beratung

Kontakte soziale Dreigliederung

Zum Autor: post@perspektivenwechsel.social
www.perspektivenwechsel.social
#perspektivenwechsel

Institut für soziale Dreigliederung: www.dreigliederung.de

Verein Dreigliederung Schweiz: www.dreigliederung.ch

Studenteninitiative Forschungsstudium Soziale Dreigliederung:
www.dreigliederung.de/initiativen/forschungsstudium-sozia-
le-dreigliederung

Erwähnte oder zitierte Literatur

Grundgesetz für die *Bundesrepublik Deutschland*, Onlinequelle des *Bundesministeriums der Justiz*: www.gesetze-im-internet.de/gg/BJNR000010949.html

Grundgesetz für die *Bundesrepublik Deutschland*, kostenfreie Zusendung in Buchform durch die *Bundeszentrale für politische Bildung*: www.bpb.de/shop/buecher/grundgesetz/34367/grundgesetz-fuer-die-bundesrepublik-deutschland/

Charta der *Vereinten Nationen* (dort auch als PDF verfügbar): www.unric.org/de/charta

Elsberg, Marc: Gier. Wie weit würdest du gehen? (Blanvalet 2020), S. 176 ff.

Ganser, Daniele: Imperium USA. Die skrupellose Weltmacht (Westend 2023)

Gebauer, Carlos A.: Grundgesetz 2030. Modernisierungsvorschläge für eine Erhaltungssanierung (Lau Verlag 2021), S. 39

Goethe, Johann Wolfgang von: Wilhelm Meisters Wanderjahre (1821, erweitert 1829), 2. Buch, 9. Kap., Montan zu Wilhelm

Goethe, Johann Wolfgang von: Naturwissenschaftliche Schriften, Fünfter Band, Sprüche in Prosa (Faksimile der Erstausgabe von 1897, Rudolf Steiner Verlag 1982), S. 379

Graeber, David: Bull Shit Jobs. Vom wahren Sinn der Arbeit (Klett-Cotta 2018), S. 111

Guérot, Ulrike und *Ritz, Hauke*: Für ein Europa jenseits der EU. In Memoriam: 20 Jahre europäischer Verfassungsvertrag (Ars Vobiscum 2023), S. 25 und 15 f.

Harari, Yuval Noah: Eine kurze Geschichte der Menschheit (Pantheon 2015), S. 11 ff.

Heuser, Annie: Bewusstseinsfragen des Erziehers (Philosophisch-Anthroposophischer Verlag Dornach, 1966), S. 16

Hillesum, Etty: Das denkende Herz. Die Tagebücher von Etty Hillesum 1941–1943 (rororo 1985)

Kant, Immanuel: Beantwortung der Frage: Was ist Aufklärung? (Berlinische Monatsschrift 1784)

Mausfeld, Rainer: Hybris und Nemesis. Wie uns die Entzivilisierung von Macht in den Abgrund führt – Einsichten aus 5000 Jahren (Westend 2023), S. 64 f.

Novalis: Novalis' Werke (Weltbild Verlag 2001), S. 39

Peters, Ole und Adamou, Alexander: An evolutionary advantage of cooperation (2019). www.researchers.one/articles/19.03.00004v1 (PDF)

Schmid, Carlo in: *Deutscher Bundestag und Bundesarchiv (Hrsg.)*: Der Parlamentarische Rat 1948-1949. Akten und Protokolle, Band 9 (Oldenbourg Verlag 1996), S. 20 ff.

Smith, Adam: An Inquiry into the Nature and Causes of the Wealth of Nations (1776)

Steiner, Rudolf: Grundlinien einer Erkenntnistheorie der Goetheschen Weltanschauung mit besonderer Rücksicht auf Schiller (Rudolf Steiner Verlag 1979, Erstausgabe 1886)

Steiner, Rudolf: Wahrheit und Wissenschaft. Vorspiel einer »Philosophie der Freiheit« (Rudolf Steiner Verlag 1980, Erstausgabe 1892)

Steiner, Rudolf: Die Philosophie der Freiheit. Grundzüge einer modernen Weltanschauung. Seelische Beobachtungsresultate nach naturwissenschaftlicher Methode (Rudolf Steiner Verlag 1987, Erstausgabe 1894)

Steiner, Rudolf: Lucifer – Gnosis. Grundlegende Aufsätze zur Anthroposophie und Berichte aus den Zeitschriften »Luzifer« und »Lucifer – Gnosis« 1903–1908 (Rudolf Steiner Verlag 1987), S. 213

Steiner, Rudolf: Die Kernpunkte der sozialen Frage in den Lebensnotwendigkeiten der Gegenwart und Zukunft (Institut für soziale Dreigliederung 2019. Studienausgabe, herausgegeben und kommentiert von Sylvain Coiplet, Erstausgabe des Originals 1919)

Steiner, Rudolf: Entwicklungsgeschichtliche Unterlagen zur Bildung eines sozialen Urteils (Rudolf Steiner Verlag 1963, acht Vorträge, gehalten in Dornach 9. bis 24. November 1918)

Steiner, Rudolf: Die Soziale Frage (Rudolf Steiner Verlag 1977, sechs Vorträge gehalten in Zürich 3. Februar bis 8. März 1919)

Tögel, Jonas: Kognitive Kriegsführung. Neueste Manipulationstechniken als Waffengattung der NATO (Westend 2023)

Vogt, Patric: Das Buch zum Geld. Was Sie schon immer über Geld wissen wollten – oder jedenfalls darüber wissen sollten (Eigenverlag 2005)

Onlinequellen

Bauernfabel: www.farmersfable.org (Deutsch und Englisch)

Charta der Vereinten Nationen: www.unric.org/de/charta

Dreigliederung Schweiz: www.dreigliederung.ch

Grundgesetz für die Bundesrepublik Deutschland:
www.gesetze-im-internet.de/gg/BJNR000010949.html

Grundsatzrede von Carlo Schmid vor dem Parlamentarischen Rat (PDF),
verfügbar bei der *Sächsische Landeszentrale für politische Bildung*:
www.slpb.de/fileadmin/media/Themen/Geschichte/CSchmid_
GG.pdf

Institut für soziale Dreigliederung: www.dreigliederung.de

Johannes Mosmann: www.johannes-mosmann.de

Kooperationsplus (PDF): Peters, Ole und Adamou, Alexander:
An evolutionary advantage of cooperation (2019).
www.researchers.one/articles/19.03.00004v1

*Podcast Perspektivenkarussell von der Studenteninitiative Forschungs-
studium Soziale Dreigliederung*: www.youtube.com/watch?v=
kG6MVdLxzmk&list=PLaXYa7aal2I-tCEN3VqgJNz7JRdO_o3cA

Soziokratie: Chr. Rüthers Website www.soziokratie.org und sein
kleines Einführungsvideo auf Youtube www.youtube.com/
watch?v=WOnA0kgXRlc

Soziokratie: Kleines Einführungsvideo von *Sociocracy For All* auf
Youtube www.youtube.com/watch?v=u3JJotOJ7kI (deutsch)

Zusammenspiel, ein Film zur Idee der sozialen Dreigliederung
www.film.dreigliederung.de

Erwähnte Initiativen und Projekte

Bildungsbrief: www.bildungsbrief.org

Bildungsgang: www.bildungsgang-film.de

Netzwerk solidarische Landwirtschaft:
www.solidarische-landwirtschaft.org

Rüther, Christian: www.soziokratie.org

Sociocracy For All: www.sociocracyforall.org (englisch)

Unsere Verfassung: www.unsere-verfassung.com

Legal Hacks und andere Initiativen

Legal Hacks sind temporäre Lösungen, die im gegebenen Rahmen unserer bestehenden Gesetze provisorisch neue Ideen möglich machen. Die Auswahl ist nicht abschließend und soll nur eine Anregung sein sich selbst umzuschauen.

Ackersyndikat: www.ackersyndikat.org

Aktion Kulturland: www.aktion-kulturland.de

Bündnis autonome Wirtschaft: www.buendnis-autonome-wirtschaft.org

Commons-Institut e.V.: www.commons-institut.org

Freie Bildungsstiftung: www.freiebildungsstiftung.de

Kernpunkte. Zeitung für Dreigliederung des sozialen Organismus, Geisteswissenschaft, Zeitgeschehen: www.kernpunkte.com

Menschlich Wirtschaften eG: www.menschlich-werte-schaffen.de

Mietshäusersyndikat: www.syndikat.org

Purpose Ventures eG: www.purpose-economy.org/de

Samarita Solidargemeinschaft e.V.: www.samarita.de

Stiftung Trias, Gemeinnützige Stiftung für Boden, Ökologie und Wohnen: www.stiftung-trias.de/home

Stiftung Verantwortungseigentum e.V.: www.stiftung-verantwortungseigentum.de

Studenteninitiative Forschungsstudium Soziale Dreigliederung: www.dreigliederung.de/initiativen/forschungsstudium-soziale-dreigliederung

Literaturempfehlungen

Steiner allgemein

Steiner, Rudolf: Grundlinien einer Erkenntnistheorie der Goetheschen Weltanschauung mit besonderer Rücksicht auf Schiller (Rudolf Steiner Verlag 1979, Erstausgabe 1886)

Steiner, Rudolf: Wahrheit und Wissenschaft. Vorspiel einer »Philosophie der Freiheit« (Rudolf Steiner Verlag 1980, Erstausgabe 1892)

Steiner, Rudolf: Die Philosophie der Freiheit. Grundzüge einer modernen Weltanschauung. Seelische Beobachtungsresultate nach naturwissenschaftlicher Methode (Rudolf Steiner Verlag 1987, Erstausgabe 1894)

Titel vom Institut für soziale Dreigliederung

Coiplet, Sylvain (Herausgeber): Grundlagenseminar Dreigliederung (Institut für soziale Dreigliederung 2024)

Kiedaisch, Albrecht: Kleines Dreigliederungslexikon. Begriffe aus der sozialen Dreigliederung und – damit zusammenhängend – der Anthroposophie von Rudolf Steiner (Institut für soziale Dreigliederung 2020)

Mosmann, Johannes: Die erweiterte Demokratie (Institut für soziale Dreigliederung 2024)

Mosmann, Johannes: Was ist eine freie Schule? (Institut für soziale Dreigliederung 2015)

Steiner, Rudolf: Die Kernpunkte der sozialen Frage in den Lebensnotwendigkeiten der Gegenwart und Zukunft (Institut für soziale Dreigliederung 2019. Studienausgabe, herausgegeben und kommentiert von Sylvain Coiplet, Erstausgabe des Originals 1919)

Steiner, Rudolf: Grundfragen der sozialen Dreigliederung. Herausgabe, Vorwort und Kommentare von Sylvain Coiplet. Schriftenreihe Grundlagen – Band 1 (Institut für soziale Dreigliederung 2018)

Steiner, Rudolf: Grund und Boden. Herausgegeben von Sylvain Coiplet und Johannes Mosmann (Institut für soziale Dreigliederung 2022)

Zur Sozialen Dreigliederung

Brunner, Thomas: Einsicht & Initiative. Aspekte zur Sozialen Dreigliederung in methodischer Hinsicht (Edition Immanente 2020)

Wember, Valentin: Dreigliederung. Eine aktuelle, allgemeinverständliche Einführung in Rudolf Steiners Entdeckungen zu einer heilsamen Organisation der Weltgesellschaft (Stratos 2023)

Weiteres

Bauer, Joachim: Realitätsverlust. Wie KI und virtuelle Welten von uns Besitz ergreifen – und die Menschlichkeit bedrohen (Heyne 2023)

Näser, Dietmar: Regenerative Landwirtschaft. Bodenleben und Pflanzenstoffwechsel verstehen (Ulmer 2021)

Pommeresche, Herwig: Humussphäre. Humus – ein Stoff oder ein System? (OLV 2004)

Steinkellner, Clara: Menschenbildung in einer globalisierten Welt. Perspektiven einer zivilgesellschaftlichen Selbstverwaltung unserer Bildungsräume (Edition Immanente 2013)

Ein bunter Strauß Medienportale & Journalisten

Die Auswahl ist weder repräsentativ noch auf Ausgewogenheit hin bearbeitet.

Achgut: www.achgut.com

Alexander Wallasch: www.alexander-wallasch.de

Ansage: www.ansage.org

Apolut: www.apolut.net

Causalis: www.causalis.net

Cicero www.cicero.de

Clubderklarenworte: www.clubderklarenworte.de

Eingeschenkt TV: www.eingeschenkt.tv

Fassadenkratzer: www.fassadenkratzer.de

Florian Schilling: www.florianschillingscience.org

Kontrafunk: www.kontrafunk.de

Krone-Schmalz, Gabriele: www.krone-schmalz.de

Manova: www.manova.news

Multipolar: www.mulitpolar-magazin.de

Nachdenkseiten: www.nachdenkseiten.de

Nebelspalter: www.nebelspalter.ch

Norbert Häring: www.norberthaering.de

Novo Argumente: www.novo-argumente.com

Oval Media: www.oval.media

Politico: www.politico.com

Project Veritas: www.projectveritas.com

Radio München: www.radiomuenchen.net/de

Reitschuster: www.reitschuster.de

SWPRS: www.swprs.org

Tichys Einblicke: www.tichyseinblick.de

tkp: www.tkp.at

Unlimited Hangout: www.unlimitedhangout.com

Die Kunst, Frieden zu führen

Diese Zusammenstellung ist nicht ganz zufällig. Und gleichzeitig nicht repräsentativ.

Brown, Brené: Die Gaben der Unvollkommenheit (Arkana 2024)

Chapman, Gary & Campbell, Ross: Die fünf Sprachen der Liebe. Wie Kommunikation in der Partnerschaft gelingt (Francke 2019)

Fischer, Markus: Die neue gewaltfreie Kommunikation. Empathie und Eigenverantwortung ohne Selbstzensur (BusinessVillage 2020)

Frankl, Viktor E.: Der Wille zum Sinn (Hogrefe 2015)

Frankl, Viktor E.: ...trotzdem Ja zum Leben sagen. Ein Psychologe erlebt das Konzentrationslager (Penguin Verlag 2018)

Fromm, Erich: Die Kunst des Liebens (Ullstein 2017)

Goethe, Johann Wolfgang von: Das Märchen (Verlag Freies Geistesleben 1979)

Kühlewind, Georg: Vom Normalen zum Gesunden. Wege zur Befreiung des erkrankten Bewußtseins (Verlag Freies Geistesleben 1995)

Lerner, Harriet Goldhor: Wohin mit meiner Wut? Neue Beziehungsmuster für Frauen (Kreuz-Verlag 1987) – Vom Titel nicht täuschen lassen, ist auch für Männer sehr gut.

Lessing, Gotthold Ephraim: Die Erziehung des Menschengeschlechts. Ernst und Falk (Verlag Freies Geistesleben 1972)

Schiller, Friedrich: Über die ästhetische Erziehung des Menschen (Verlag Freies Geistesleben 1961)

Steiner, Rudolf: Das gespiegelte Ich. Der Bologna-Vortrag – die philosophischen Grundlagen der Anthroposophie (Futurum 2013)

Storch, Maja & Kuhl, Julius: Kraft aus dem Selbst. Sieben PsychoGyms für das Unbewusste (Hogrefe 2017)

Über den Autor

* 1968 in Mainz, die ersten drei Jahre in Schweden aufgewachsen, schließlich in der Basaltlandschaft Kassels gelandet und dann manches von der Welt gesehen. Staatlich ungeprüft (abgesehen von den Fahrerlaubnissen zu Land und zu Wasser). Studium der Eurythmie, Anthroposophie, Sprachgestaltung und Ausbildung zum Instructor der M. Chekhov Acting Technique. Freischaffender Künstler, Lehrer und Unternehmer, dankbarer und stolzer Vater, vom Leben mit vielen Wassern gewaschen und am liebsten auf eigenem Kiel unterwegs.

Warum ich glaube etwas sagen zu können? Weil ein gerüttelt Maß an Lebenserfahrung und etwas Glück, das mich früh der Idee der sozialen Dreigliederung begegnen ließ, so dass ihr Verständnis über drei Jahrzehnte in mir reifen konnte, zusammen kommen.

Warum ich etwas sagen will? Weil ich mich nach Frieden sehne und den Wunsch habe, etwas an unsere Gesellschaft zurückzugeben, die mir eine überdurchschnittliche Bildung geschenkt hat. Einen besonderen und herzlichen Dank möchte ich diesbezüglich meinen Eltern aussprechen, die sie durch überragenden Einsatz dafür möglich gemacht haben! Und ebenso herzlicher Dank geht natürlich an meine Lehrer jüngerer und länger zurückliegender Zeit, denen ich mitunter nur durch ihre Bücher begegnet bin, trotzdem aber immer persönlich.

Lieblingszitat (eines meiner vielen) und zugleich Mission-Statement:

> *»In Zeiten, in denen die Niedergangskräfte dominieren,*
> *kommt es auf den Einsatz des ganzen Menschen an.*
> *Auf den Entschluss: nicht mit dem Strome und nicht gegen*
> *den Strom zu schwimmen, sondern Neuland zu schaffen,*
> *in sich selbst und in seinem Wirkungskreis.«*

Annie Heuser[52]

---

52 *Heuser, Annie*: Bewusstseinsfragen des Erziehers (Philosophisch-Anthroposophischer Verlag Dornach, 1966), S. 16

Dieses Buch gehört, auch wenn Sie es grade in der Hand halten und lesen, bereits der Vergangenheit an. Und auch, wenn ich natürlich hoffe, dass es ein Echo in der Zukunft hat. Wenn Sie sich für die Anregungen, die Sie durch das Buch erhalten haben, über seinen Ladenpreis hinaus bedanken oder generell ermöglichen möchten, dass freie neue Impulse in die Welt kommen, finden Sie die Informationen dazu auf meiner Website *www.perspektivenwechsel.social* – vielen Dank!

Ich lebe als freischaffender Künstler und Lehrer. Wenden Sie sich gerne für Lesungen, Vorträge, Seminare und Demoreden sowohl zur sozialen Dreigliederung als auch zur Anthroposophie an mich. Ebenso für die Moderation sozialer Wachstumsprozesse und der Organisationsentwicklung. Sie liegen mir besonders am Herzen, da ich in ihnen eine reale Möglichkeit sehe gemeinsam voranzugehen, denn Krisen sind Chancen!

post@perspektivenwechsel.social
www.perspektivenwechsel.social